KINZAI バリュー叢書

税から読みとく
歴史・社会と日本の将来

早稲田大学大学院会計研究科教授
栗原　克文［著］

一般社団法人金融財政事情研究会

はじめに

多くの人が税はむずかしいと感じています。たしかに、税の種類は多いですし、税に関する法令の量は膨大で専門用語が多く、それぞれの税目を理解し、さらに毎年の税制改正の内容をキャッチアップしていくことは容易なことではありません。日頃税にあまりなじみのない方にはなおさらのことです。

しかし一方で、税は私たちの生活に深く関係しています。仕事をして収入を得れば税を納める義務が生じますし、日常生活で買い物をすれば消費税を負担することになります。さらに、税は社会全体に対して大きな影響を与えてきました。歴史上の出来事のなかには税が背景にあることがあります。アメリカ独立戦争、フランス革命、イギリス清教徒革命など、社会の大きな変革の背景には税がありました。税によって社会をよりよい方向へもっていこうという政策的な税制が活用されることもありますし、税が意図しない方向に社会に影響を与えた例もあります。一方、社会が税制をつくってきた面もあります。税は社会を映しながら形成されてきました。日本を含め諸外国の税の歴史をみると、間接税・直接税ともに新たな税の創設や創設後の改正には、戦争をはじめとしてその時々の社会の状況が大きな影響を与えてきました。

近年のわが国の社会は、人口減少、高齢化、経済取引のグローバル化、情報通信技術の発達、家族や働き方の変容など大きな変化のなかにあります。こうした変化に対応していくにはどのような税制が望ましいのでしょうか。特に、高齢化が今後いっそう進展するなかで、医療・年金・介護などの社会保障費の増加が予想されますが、この財源としての税金や社会保険料の負担をどのように国民が納得して負担し、社会を支えていけるかを考えていく必要があります。

本書では、歴史を学んだ学生や税にさほどなじみが多くない方を想定して、税という視点から社会や歴史をみるとともに、変化する社会をふまえて将来の税のあり方を考えていきます。もちろん、なんらかのかたちで税に携わっている方も、税に対する理解をさらに深めていただけたらと思います。

第1章では諸外国を含めた社会と税とのつながりについてみていきます。第2章で日本における近年の社会の変化と税についてみたうえで、第3章で今後の各税制の課題について考えていきます。本書を通じて、社会と税とのつながりを理解し、税への関心を高め、社会の変化に伴う今後の税制のあり方を考えるきっかけとしていただければ幸いです。

目次

第1章　税は社会を映す鏡

第2章 日本社会の変化と税

第3章　今後の各税制の課題

コラム

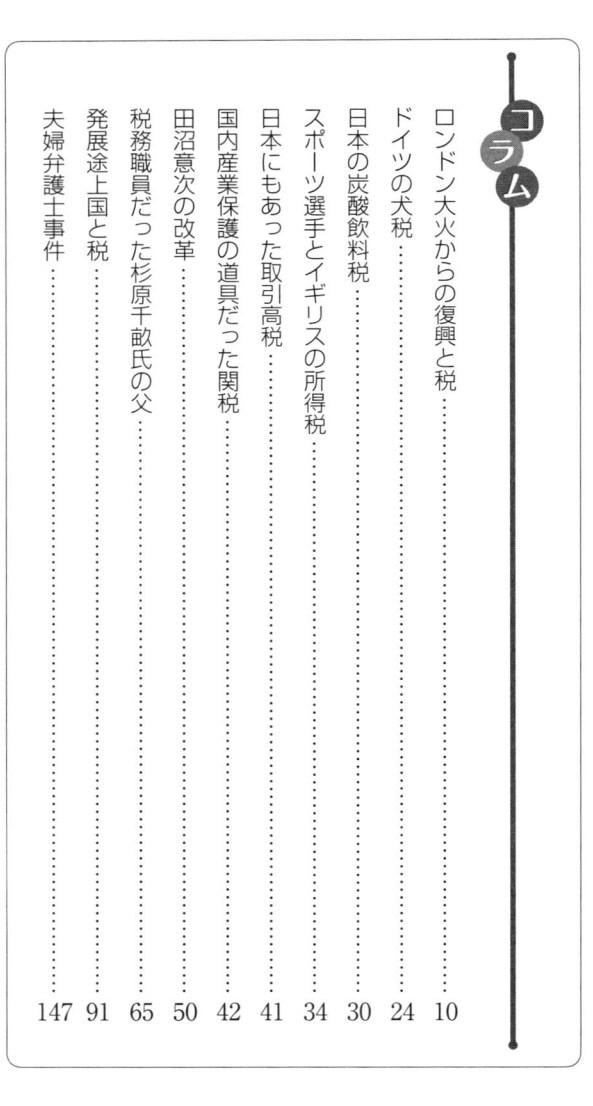

第1章

税は社会を映す鏡

1 相互に影響し変化

社会と税は密接に関連しています。税の歴史は社会の歴史ともいえます。三世紀末に書かれた中国の書物「魏志倭人伝」には、「租賦を収む」という記述があり、三世紀頃の日本（倭国）では、邪馬台国において「租賦」と呼ばれる税があったことを示しています。「租」は穀物、「賦」は労働力の提供と考えられており、当時、穀物や労役などの税が存在していたのです。

税はそれぞれの時代の経済力の主流となるセクターによって、歳入の多くがまかなわれてきました。「担税力」、つまり税を担う能力のあるところからより多くの税が徴収されてきました。そして時代によって経済力の主流となるセクターが変化し、税制も変化してきました。世界中の国々においてさまざまな税が存在します。各国の税制は、それぞれの時代・経済などの状況のもとで、それぞれ構築されてきました。

社会の状況が税制に影響を与える一方で、税が社会に影響を及ぼす面もあります。税によって意図的に社会をよりよい方向に導こうという政策的な税制もあります。政策的な税

図表１－１　税は社会を映す

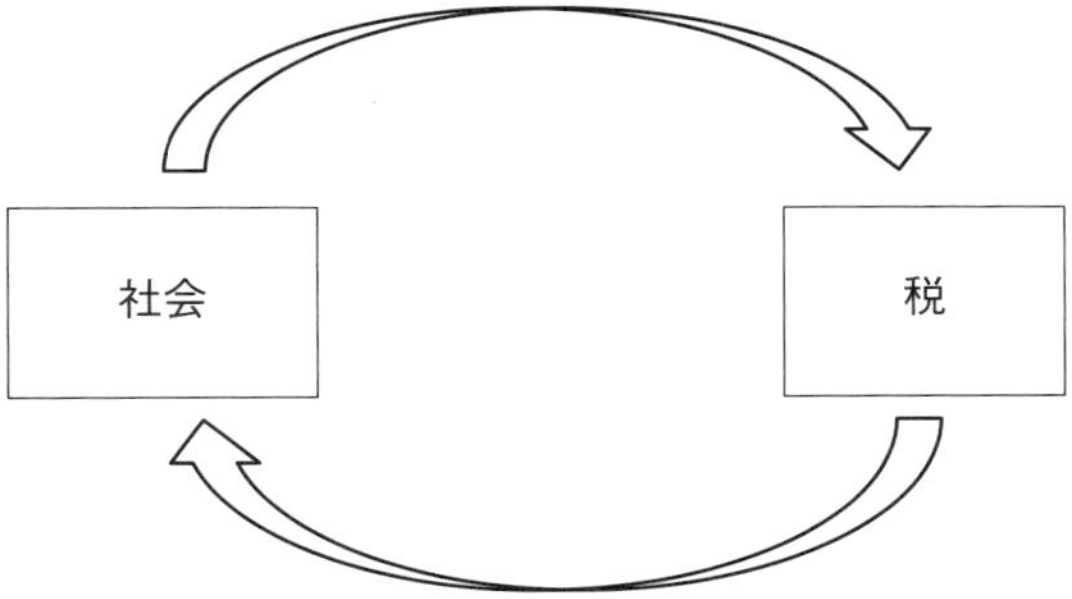
社会
税

制が社会を変えることもありますし、税制が社会を意図していなかった方向に変えてしまったこともあります。

本章では、社会と税とのつながりについて、具体例を交えながらみていきます。

2 税が世界の歴史を変えた

まず、アメリカ、イギリス、フランスそして日本において、税が社会に大きな影響を及ぼした例をみていきます。

(1) アメリカ

独立戦争（一七七五〜一七八三年）

独立戦争は、イギリスに支配されていたアメリカ東部沿岸の一三植民地とイギリスとの戦争です。独立戦争の発端には、イギリスから課された税に対するアメリカ人民の大きな不満がありました。

独立戦争が始まる二〇年前の一七五五年に、イギリス対フランスのフレンチ・インディアン戦争が始まりました。この戦争は、英仏間の七年戦争の一環で、北アメリカを舞台に繰り広げられた戦いで、北アメリカにとどまらずヨーロッパにまで戦闘は拡大しました。

最終的にイギリスが勝利を収めたものの、イギリスは増大した軍事費により財政が圧迫されたため、植民地に重税を課していきました。

イギリスは、当時植民地だったアメリカに対して、砂糖、新聞、茶、紙、塗料、鉛、ガラスなどのさまざまな物品に課税していきました。一七六四年に砂糖法を制定し、アメリカが輸入する砂糖に関税をかけました。一七六五年には印紙法を制定し、新聞を含めアメリカで刊行される印刷物すべてにイギリスの印紙を貼ることを義務づけました。さらに、一七六七年以降、タウンゼント諸法（アメリカ植民地に関する一連の法令）を制定し、アメリカに輸入される茶、紙、塗料、鉛、ガラスなどに高い関税をかけました。

これらの税に対してアメリカ人民が強く反発したため、一七七〇年に関税の一部は廃止されました。しかし、茶に対する高額の関税は廃止されずに残されました。その一方で、イギリスが設立していた東インド会社は、アメリカへの茶の輸出を増加させるために関税が免除されていたことに加えて、一七七三年の茶法により、北アメリカにおける茶の独占販売権が付与されていました。

アメリカ人民はこうした不平等に対して大きな不満をもっていました。そして、イギリスによるアメリカでの課税に対して、アメリカ人民はイギリス議会に議員を出せないにもかかわらず納税義務を負うため、「代表なくして課税なし」との主張を掲げて立ち上がったのが独立戦争の発端です。

一七七三年一二月にボストン茶会事件が起こります。マサチューセッツ州のボストンで、茶に対する課税に反対した人々が、港に停泊中の東インド会社の商船から、商品である三四二個の茶箱を海に投げ捨てました。これに対してイギリスは、一七七四年にボストン港を閉鎖し、ボストンを軍政下に置き、アメリカの自治権を取り上げました。これに反発したアメリカ人民が団結、ついに一七七五年、ボストン郊外において、イギリスとの武力衝突が勃発しました。レキシントンの戦いです。こうしてアメリカ独立戦争が始まりました。

その後、各地で戦闘が行われ、最終的には一七八三年のパリ条約でイギリスがアメリカの独立を認め、戦争は終結しました。

このように独立戦争の発端にはアメリカ人民の税への不満がありました。独立戦争では、アメリカ、イギリスとも多額の戦費を費やしましたが、アメリカを支援したフランスもまた莫大な戦費負担により大きな負債を抱えました。後述しますが、この負債のための増税がフランスにも大きな変化をもたらします。

(2) イギリス

次に、イギリスにおける例をみていきます。

マグナカルタ（一二一五年）

一三世紀初頭に在位していたジョン王（在位：一一九九～一二一六年）は、フランスとの領土争いのために度重なる戦争を行いました。ジョン王は、戦費調達や失った領土からの収入を補てんするために増税を行いましたが、これに反発した諸侯、貴族、人民が国王に退位を求めました。当時の国王は諸侯や貴族に支えられる存在であり、諸侯や貴族からの支持を失うと退位するのが通例でしたが、ジョン王は退位しませんでした。ジョン王は諸侯や貴族から強制されるかたちで、一二一五年、諸侯や貴族の封建的特権を認めた「マグナカルタ」を制定しました。

このマグナカルタは、国王の権限を大幅に制限したもので、課税権については、国王が勝手に増税することのないよう、増税の際には議会の承認を必要としました。イギリスの議会制民主主義はマグナカルタから始まったとされています。このマグナカルタは、後に

「法の支配」の原則の論拠とされ、租税法律主義の始まりともいわれます。清教徒革命の際には、マグナカルタが革命の理由として用いられました。

清教徒革命（一六四二〜一六四九年）

次に清教徒革命です。清教徒革命は、ステュアート朝絶対王政に対して、議会派が国王の専制統治を倒し、共和制を実現させたものです。

清教徒革命前のイギリス経済は好景気ではありましたが、貧富の差が拡大していました。一方、政府は三十年戦争（注）や物価上昇などにより厳しい財政状況にありました。当時の国王チャールズ一世（在位：一六二五〜一六四九年）は財政難への対応として増税しようとしましたが、議会は反対しました。チャールズ一世が増税に反対する議会を解散しようとしたため、国王派と議会派の内戦となりました。長年の争いの結果、議会派が勝利し、一六四九年にチャールズ一世は処刑されました。議会派のなかに清教徒（ピューリタン）が多かったために清教徒革命（ピューリタン革命）と呼ばれます。このように清教徒革命の発端には税がありました。

（注）　神聖ローマ帝国に対する、プロテスタントの反乱をきっかけに始まり、当初は現在のドイツか

らやがてはヨーロッパ中を巻き込んで一六一八～一六四八年に戦われた国際戦争。

スコットランド独立を問う住民投票（二〇一四年）

時代が大きく下った二〇一四年九月一八日、スコットランドのイギリスからの独立の是非を問う住民投票が行われました。投票はスコットランド在住の一六歳以上の有権者約四〇〇万人により行われ、独立への賛成が過半数を占めた場合、スコットランドは二〇一六年三月二四日に独立するという計画でした。

この住民投票において、税や財政が投票行動に影響を及ぼしました。独立賛成派は、独立後の財源として北海油田からの歳入を見込んでおり、その歳入により独立後も住民の福祉水準を維持できると説明していました。一方、独立反対派は、独立後の財政運営が不透明であることを懸念していました。特に、六〇歳以上の高齢者の多くが、独立によってそれまでの安定した年金給付が困難になったり、増税が行われるのではないかなど、今後の生活に対する不安が強く、独立に反対でした。

住民投票の結果は独立反対（五五・三％）が独立賛成（四四・七％）の票を上回り、イギリスからの独立は否決されました。これは、北海油田の権益をスコットランドがどの程度手に入れられるかが不明確であり、将来の財政や税負担、福祉水準に対する不安感が反対票を増加させたためといわれています。税や財政が、社会さらには国家のあり方に影響を与えた一例でしょう。

コラム　ロンドン大火からの復興と税

一六六六年にロンドン大火が発生しました。その頃のロンドン市内の家屋は、ほとんどが木造であったため、街は四日間にわたって燃え続け、市内の家屋のおよそ八〇％（一万三〇〇〇戸）が焼失しました（注1）。

チャールズ二世（在位：一六六〇～一六八五年）は、ロンドン復興のために、一六六七年に石炭税を導入しました。この石炭税は一八八九年まで続きました。一六六七年に制定された「再建法」では、木造建築は禁止、家屋はすべて煉瓦造りまたは石造り、とされ、道路の幅員についても規定されました（注2）。

この大火災によって中世都市ロンドンは焼失しましたが、ロンドンの復興は新たな税を含めた財源によってまかなわれ、現在のロンドンの街並みの原型がつくられました。

（注1） Luminarium, The Great Fire of London 1666 (http://www.luminarium.org/encyclopedia/greatfire.htm)
（注2） Museum of London, Pocket histories, What happened in the Great Fire of London (https://www.museumoflondon.org.uk/application/files/6514/5511/5493/what-happened-great-fire-london.pdf)

(3) フランス

フランス革命（一七八九年）

フランスにも、税が社会に大きな影響を与えた格好の例があります。フランス革命です。当時の皇帝はルイ一六世（在位：一七七四～一七九二年）、その妻はマリー・アントワネットです。その頃のフランスは厳しい財政難に陥っていました。オーストリア継承戦争（一七四〇～一七四八年）、七年戦争（一七五六～一七六三年）などの度重なる戦争の出費、アメリカに対する独立戦争ならびに独立後の支援、宮廷関係の出費、度重なる飢饉による収入減などが要因です。なお、王妃マリー・アントワネットの浪費が有名ですが、実は財政に対する影響は微々たるもので、宮廷関係の出費の大部分は幾多の宮殿の建設費でした。

ルイ一六世は、厳しい財政を立て直すために増税を考えました。当時、聖職者（第一身分）、貴族（第二身分）は免税特権により税が免除されており、税は「第三身分」といわれる平民にのみ課されていました。平民とは、第一身分や第二身分以外の、農民をはじめさまざまな職業の人からなる階層で、人口の大部分を占めていました。第三身分の平民の税負担はすでに重く不満が高まっていたことから、平民へのさらなる課税には限界がありました。そのためルイ一六世は、聖職者と貴族からも税を徴収しようとしました。これに対して聖職者と貴族が反抗し、全社会層を巻き込む本格的な革命に発展していきました。最終的にルイ一六世は処刑され、革命が成就したのは読者もご存知のとおりです。

革命により、政治体制は絶対王政から立憲王政を経て共和制へと移っていきました。税が発端となってフランス革命が起こり、国の仕組みが大きく変容したのです。革命後のフランスは、それまでの税体系を大きく変革しました。議会が課税の権限をもち、一八世紀終わりには土地税、建物税、事業税、戸口・窓税の四つの直接税を創設しました（注）。

（注） 当時のフランスの税についてSargent and Velde（1995）pp.483～484, 493～494およびLiem Hoang-Ngoc（岡本祐子訳）「フランス税制は革命前に戻るのか」ル・モンド・ディプロマティー

ピカソ美術館

ク日本語・電子版二〇〇七年一〇月号(http://www.diplo.jp/articles07/0710-2.html) を参考とした。

塩税

中世フランスにはガベル (gabelle) と呼ばれる塩税がありました。当時は領主たちがそれぞれの領地で課税していましたが、ルイ一四世(在位：一六四三～一七一五年)は一六六〇年に塩税王令を作り、全国的に統一した制度としました。塩は王立の塩倉庫を経由して公定の価格で売買され、住民は一定量の塩を買うことが義務づけられました。

しかし、生活必需品である塩に税を課し

たことから国民の反発を招きます。各地で塩税一揆が発生し、後にフランス革命にまでつながりました。なお、パリにあるピカソ美術館は、ピエール・オーベルという一七世紀の塩税徴収官の邸宅だったことから「オテル・サレ（塩の館）」と呼ばれています。

フランス革命時に国民議会はガベルを廃止しましたが、後にフランス皇帝となったナポレオン（在位：一八〇四～一八一四年）はガベルを復活させました。ようやくガベルが廃止されたのは二〇世紀も半ばの一九四六年でした。長い間、塩税はフランスの主要な財源となっていたのです。

フランス王とローマ教皇との争い

フランス王とローマ教皇が、税をめぐって激しく争ったことがあります。フランス王のフィリップ四世（在位：一二八五～一三一四年）は、長年にわたるイングランドとの領土をめぐる争いで必要となった膨大な戦費を調達するために、キリスト教会にも課税しました。しかし、キリスト教徒の多いフランスは、ローマ教皇庁にとって重要な収入源であったため、ローマ教皇のボニファティウス八世（在位：一二九四～一三〇三年）は、この教会税に強硬に反発し、フィリップ四世との争いとなりました。

一三〇二年にボニファティウス八世が教会への課税を禁じる教皇回勅を発し、フィリップ四世に対して教皇の命に従うよう求めたのに対して、フィリップ四世は聖職者・貴族・市民の三つの身分からなる「三部会」という議会を招集しました。三部会は一致して国王を支持し、フィリップ四世は国内世論を味方につけました。そしてフィリップ四世は、教皇のいるイタリアに軍を派遣しました。ボニファティウス八世は故郷の都市アナーニに逃げましたが軍によってとらえられてしまいます。一度はアナーニ住民に救出されたものの、間もなく死亡しました（アナーニ事件）。この時にできた三部会が身分制議会の始まりです。三部会は一五世紀以降の絶対王政時には招集されませんでしたが、一七八九年に一七〇年ぶりに開催され、フランス革命へとつながっていきました。

(4) 日　本

武士の誕生

日本でも、税は社会に大きな影響を及ぼしています。一例として、武士が誕生した背景に税が関連していたことをみてみましょう。

六四五年の大化の改新後、中央集権的な政治の体制がつくられました。七〇一年には、中国の制度に倣った大宝律令が完成し、刑法、行政組織、租税、労役の義務など、国家の統治に必要なさまざまな規定が整備されました。朝廷は、班田収受の法により人民を戸籍に登録し、戸籍に基づいて六歳以上の男女に一定の口分田を与えました。農民は口分田が与えられたことにより生活を保障されました。口分田は一生の間耕作が認められていましたが、売買は認められておらず、死後は国に返還することとされていました。

租、庸、調、雑徭などの税制の仕組みも整備されました。租は口分田からの収穫の三％程度を納めるものでした。庸は本来は労働の義務を意味しますが、実際には労働するかわりに一定量の布が納められました。調は絹、布、糸、綿や各地の特産品を納めるものです。雑徭は年間六〇日を限度として、朝廷が行う土木工事に従事する労役の義務でした。このほか、都の警備や北九州の海辺を守る兵役の義務もあり、全部をあわせると、農民にとって負担は相当重いものでした。生活の苦しい農民のなかには、口分田を捨て、戸籍に登録された土地を離れてほかの地域に浮浪し、地方の豪族などのもとに身を寄せる者も出てきました。

その後、人口の増加に対して口分田が不足してきたことから、朝廷は農地をふやすために、七二三年に「三世一身の法」を制定し、土地を開墾して農地にすれば開墾者から数えて三世代までその農地の所有を認め、税を免除しました。さらに朝廷は、七四三年に「墾田永年私財法」を制定し、開墾した土地は、定められた面積に限って永久に私有とし、税を免除しました。この政策は、農地をふやすことにつながった半面、土地を開墾できる資金力をもつ貴族、大寺院、地方豪族が私有地を拡大するようになりました。貴族、大寺院、地方豪族が近隣の農民や浮浪人などを使って大規模な開墾を行い、広大な農地を所有するようになったのです。これが荘園です。一一世紀後半には、全国に荘園が広がっていき、公地公民の原則が崩れていきます。

荘園の増加に伴って、荘園領主と朝廷から派遣された国司との間で、税の免除（「不輸」）の範囲や対象をめぐって対立が激しくなっていきました。国司の立入りを認めない不入の特権を得る荘園もふえていきました。荘園領主は、勢力の拡大や荘園の自衛のために、重税からの逃亡農民などを私有民として抱え、彼らを武装させました。これが武士の始まりです。

こうして誕生した武士は、やがて地方の豪族を中心に連合体をつくり、武士団として成長していきました。武士団は徐々に勢力を拡大し、武士の時代へとつながっていきます。

当初は、農民が兵士を兼ねており、戦のときには農民が武装して戦いました。戦国時代になると、兵農分離が進み、兵士と農民は分離されました。

このように、開墾した土地の税を免除したことが発端となって武士の誕生につながっていったのです。

農民一揆

税が社会に影響を与えた典型的な例として、農民一揆があります。戦国時代や江戸時代だけでなく、各時代に各地で農民一揆が起こりました。多くの農民一揆は、重税に対する農民の反抗です。

有名な「島原・天草の乱」（一六三七～一六三八年）は、宗教一揆と説明されることもありますが、発端は重税に苦しむ農民の反乱です。島原城主松倉勝家と天草領主寺沢堅高（てらざわかたたか）が、飢饉のなかにもかかわらず領民に重い年貢を課し、きわめて過酷な取立てを行ったことに対して、農民が立ち上がりました。これがキリスト教徒弾圧への抵抗とも結びつき、一揆勢は天草四郎時貞を首領に立てて反乱を起こしました。原城に立てこもった三万余の一揆勢に対して、幕府は九州の諸大名ら約一二万の兵力により、この一揆を鎮圧しました。この島原・天草の乱の後、幕府はキリスト教徒の弾圧を厳格化し、特に信者の多い九州北部で絵踏を行うなど、厳しい監視を続けていきました。

明治時代に入ってからも農民一揆は発生します。一八七三年（明治六年）から進められた地租改正に反対する農民による一揆が各地で発生しました。従来の年貢による収入を減少させない方針で行われた地租改正に対して、農民は負担の軽減を求め、さらに、そもそもの制度への反対もありました。地租改正は毎年の土地の価格の三％を金銭で納めさせるというものです。政府にとっては、毎年一定額が税として入ってきますが、農民にとっては、凶作であっても一定の税を納付しなければなりませんでした。特に一八七六年（明治九年）の三重県、愛知県、岐阜県で起こった「伊勢暴動」と呼ばれる一揆は非常に大きなもので、処罰者が五万人にものぼったとされます。このように、各地で発生した地租改正一揆を受けて、明治政府は税率を三％から二・五％に軽減することを余儀なくされたのです。

3 税によって社会を変える

(1) 日本史上の政策税制

これまで税によって社会が大きな影響を受ける例をみてきましたが、税を積極的に利用して、政策的に社会を一定の方向に導いていこうという例も少なくありません。典型的な例の一つが、いわゆる「エコカー減税」です。二酸化炭素排出量が少ない車に対する税負担を軽減することによって、より環境に優しい車の普及を促していこうとするものです。研究開発に関する政策税制もあります。研究開発支出について税を優遇することにより、研究開発を促し、国全体としての技術力を高めていこうとする政策です。

歴史的にも、政策的に税を活用している例がみられます。

楽市・楽座

織田信長は、商工業を発展させるために安土の城下町に楽市・楽座令を出しました。それまで商工業者は、税を納めるかわりにほかの商工業者が参入できないよう保護を受けていました。保護を受ける商工業者は、一定の税を納めることにより、いわば独占販売権を得ていたのです。楽市・楽座は、この独占販売権の特権をなくし、この特権をもっていた商工業者の組合（「座」）を廃止し、だれでも自由に商工業を営めるように規制緩和を行うとともに、各地の関所を撤廃して通行税などの税を免除したものです。楽市・楽座令は、ほかの地域の商工業者がこの町に来て自由な営業活動を認めるもので、自由な取引市場をつくり、取引を活性化させ商工業を発展させることを信長はもくろんでいました。

明智光秀の免税

税を利用した例として、明智光秀の免税があります。本能寺の変で織田信長を討った明智光秀は、その後、京都の民を味方につけるため、地税を免除しました。こうした免税は、徳川家康が天下統一を行った後に拡大され、京都だけでなく、江戸、大阪、奈良、堺、伏見などの都市の地税が免除されました（注）。

（注）税務大学校ウェブサイト「明智光秀の免税」（http://www.nta.go.jp/ntc/sozei/quiz/1010/index.htm）参照。

検　地

戦国大名たちが行った検地は、年貢取立ての厳格化を意味します。農業からの収穫に課税する年貢は、律令制度が確立されて以降、歳入の中核となってきました。検地は、年貢の取漏れを防ぐために、土地の面積を正確に測定するとともに、土地の所有者を確定させるものでした。秀吉が行った有名な太閤検地は、中間搾取を防ぐために、一地一作人を原則としました。それまで公家や寺社など荘園領主がもっていた田畑のさまざまな権利は否定され、農民の土地の所有権が認められたのです。農民はその土地を治める領主に対してのみ年貢を納めることとなり、その結果、荘園は消滅しました。太閤検地では、税率は二公一民、つまり収穫の三分の二が年貢として納められました。

土地に対する税は、江戸時代から明治時代にかけて、為政者にとって主要な財政収入となっていました。江戸時代においては、各領主がそれぞれ異なる方法で土地を把握し、年貢を課していました。都市部では、年貢が免除されることも多くありました。江戸時代の年貢率は、「五公五民」「六公四民」という言葉があるように、収穫高の五割から六割が年貢とされることが多かったようですが、実際の収穫高は、一七世紀初頭の検地による計算上の収穫高をはるかに上回る地域もありました。

明治時代になると、新政府は、全国統一の基準ですべての土地に対して税を課すことを目指して一八七三年（明治六年）に前述の「地租改正」を開始しました。約七年をかけて土地の地籍や地価を調査し、この地価が地租の課税標準となりました。府県は地券台帳を作成し、土地所有者に対し「地券」を発行します。その後、地租は一九四七年（昭和二二年）に地方税に移譲され、一九五〇年（昭和二五年）に固定資産税となりました。

犬 税

徳川幕府の五代将軍綱吉（在任：一六八〇～一七〇九年）は悪名高い「生類憐みの令」を出し、一六八五年から二〇年あまりにわたり、犬に限らずあらゆる生物の殺生を禁じました。この令のために野犬を収容する犬小屋がつくられ、犬の飼料の財源をまかなうために「犬金上納」という犬税が課されました。犬税は、明治時代に入ってからも府県税として徴収されていました。多くの府県では犬一頭について一定の税額を課す制度でしたが、府県によって課税方法はさまざまでした。

意外に思われるかもしれませんが、犬税は第二次世界大戦後も多くの市町村に存在していました。法律によらずに自治大臣（当時）の許可を得て市町村が設けることができる法定外普通税として、一九五五年（昭和三〇年）頃には全国で約二七〇〇の市町村で課税していましたが、一九八二年（昭和五七年）に長野県の四賀村で廃止されたのを最後になくなりました。

コラム　ドイツの犬税

ドイツにも犬税があります。一九世紀初めに導入され、現在も地方税として課されています。導入当初の目的は流行していた狂犬病の防止のためであり、時には戦争債務の償還の財源になりました。ドイツ以外のヨーロッパ諸国の多くでもかつて犬税を課していましたが、一九七〇年代以降、そのほとんどは廃止されています。最後まで残っていたイギリスでは一九八七年に姿を消しています。

ドイツでは犬を飼うにはライセンスが必要で、ライセンスに犬税が課されます。現在のドイツ犬税の目的は、犬の頭数をコントロールするためです。ベルリン地域の犬税の額は、一頭目は年一四〇ユーロ（約一万九〇〇〇円）、二頭目以降は一八〇ユーロ（約二万四〇〇〇円）となっています。これにより国全体の犬の数が増え過ぎるのを抑制しています。一方、猫の飼育にはライセンスは不要で、猫税はありません（注）。

（注） Jörg Luyken, Why did Berlin dog owners pay over €11 million in 'dog tax' last year?, The Local, 2 November 2017（https://www.thelocal.de/20171102/why-did-berlin-dog-owners-pay-over-11-million-in-dog-tax-last-year）

（2） 世界史上の政策税制

目を諸外国に向けると、税によって社会を一定の方向に動かしていこうというさまざまな政策目的の税があります。

ひげ税

ロシアは一七〇五年に「ひげ税」を導入しました。当時のロシア皇帝ピョートル一世（在位：一六八二～一七二五年）が国の近代化を促すために導入したものです。ピョートル一世は西欧の先進技術の導入などを目的として皇帝自身を含む三〇〇名の視察団を結成

床屋のピョートル１世

し、一八カ月かけて西欧諸国を訪問しました。その間、長期にわたり皇帝が不在となったわけですが、それほどピョートル一世は国の近代化に熱意をもっていたのです。当時の西洋諸国では、ひげを剃ったいでたちが一般的になりつつあり、ひげには旧近代的なイメージがありました。ひげ税はひげに課税することによりロシアの人々にひげを剃らせて、国の近代化を促す目的で導入されました（注）。ひげを生やす人は、税を納めた証明書を持ち歩かなければならなかったそうです。

同じ「ひげ税」でも、ロシアとは異なる目的で導入した国があります。イギリスは一五三五年にひげ税を導入しました。当時は社会的地位の高い人の多くがひげを生やしていたため、裕福で担税力が高いと考えられるこれらの人々に対してひげ税を課したのです。

（注）三浦（一九九四）五七～五八頁参照。

独身税

ブルガリアでは一九九〇年まで「独身税」がありました。その目的は、低い出生率を上げるために、独身者に税を課すことによって結婚を促すためでした。税率は、年齢に応じて収入の五～一〇％でした。しかし、この独身税の効果はというと、導入目的どおりにはいかず出生率は低下したため、結局廃止されました（注）。

（注）Bulgaria Population Trends, in the Countries of the World（Geographic.org）（https://photius.com/countries/bulgaria/society/bulgaria_society_population_trends.html）

炭酸飲料税

アメリカではカリフォルニア州のバークレー市において、炭酸飲料に課税する「ソーダ税」の導入が住民投票により可決され、ソーダ税が二〇一五年に導入されました。課税により炭酸飲料の消費を抑制し、肥満や糖尿病を減らして医療費を抑制するのが目的です。その税収は、子どもの栄養や市民の健康プログラムなどに活用されています。導入初年度には、砂糖入りのソーダ飲料の消費が九・六％減少する一方、水、牛乳そのほかの飲料の消費が三・五％増加しており、導入目的どおりの効果が出ました。二〇一六年には、フィラデルフィア、サンフランシスコ、オークランド、シカゴなどアメリカのほかの都市においても砂糖入り飲料に対する税が導入されています（注1）。

一方、二〇一二年にニューヨーク州において議会で可決され導入される予定であった炭酸飲料に対する課税は、裁判所によって差し止められ、導入には至りませんでした。議会で可決されていた炭酸飲料税は、映画館や飲食店でのみ課税されるものであり、制度として一貫性に欠けると裁判所で判断されたのです。

イギリスは、二〇一八年度から一定量を超える砂糖を含む清涼飲料水に対し、砂糖含有量に応じて課税する方針を発表しました（注2）。一〇〇％フルーツジュースやヨーグルトなどは課税対象になっていません。糖分の大量摂取による肥満防止のために、課税を通じて食生活の改善を促すのが目的です。税収の使途は、児童のスポーツ関連の助成金などとされています。

アジア諸国においても、糖分を含む清涼飲料水への課税が近年広がってきています（注3）。タイは二〇一七年八月、卸売価格の二〇％だった清涼飲料水への物品税を、推奨小売価格の一四％に砂糖の含有量に応じた「砂糖税」を上乗せする仕組みに変更しました。フィリピンは二〇一八年一月、甘味料を加えた飲料に対して「加糖飲料税」（一リットル当り六ペソ（約一二円）、果糖ブドウ糖液糖（異性化糖）を使った飲料は一二ペソ）を導入しました。インドネシアやベトナムも糖分を含む飲料への課税を検討しています。これらの課税の目的は、甘い飲料の摂り過ぎによる肥満増加による医療費の増加を抑制することです。こうした糖分を含む清涼飲料水への課税の広がりを受けて、アジアの飲料メーカーでは、飲料の砂糖含有量を引き下げたり、砂糖を含まない飲料を発売するなどの動きもみられます。

（注1） Ronnie Cohen, Berkeley soda tax takes a big gulp out of sugary-drink sales, reuters, April 18, 2017（https://www.reuters.com/article/us-health-soda-tax/berkeley-soda-tax-takes-a-biggulp-out-of-sugary-drink-sales-idUSKBN17L2RU)

（注2） Department of Finance, Sugar-sweetened Drinks Tax, Information Note – Budget 2018, 10th October 2017（http://www.budget.gov.ie/Budgets/2018/Documents/Sugar%20Sweetened%20Drinks%20Tax.pdf）

（注3） アジアにおける清涼飲料水への課税について日本経済新聞二〇一八年四月三日（夕刊）一面を参考にした。

コラム 日本の炭酸飲料税

日本にも、かつて「清涼飲料税」がありました。一九二七年（昭和二年）に導入されたもので、サイダーなど炭酸ガスを含む清涼飲料が課税対象でした。当時、サイダーは高級なぜいたく品と考えられていました。日本では、サイダーなどの炭酸飲料へ課税する目的は健康維持ではなく、ぜいたく品に対する課税だったのです。そのため価格が低廉で大衆に普及していたラムネは、サイダーの半分程度に軽減された税率となっていました。この清涼飲料税は、一九四九年（昭和二四年）に廃止され、物品税に統合されました。

ジャンクフード税

アメリカのアリゾナ州など三州にまたがる先住民居留地ナバホ自治区は、二〇一五年四月から、スナック菓子などに課税する、いわゆる「ジャンクフード税」を導入しました。五%の売上税に二%を上乗せして徴収するもので、肥満を防止することが目的です。この税収は、スポーツ施設や公園の建設、健康教育プログラムなどに充てられます（注）。

（注） Marissa Fessenden, Navajo nation to get first junk food tax in U.S., Smithsonian Tween tribune, April 10, 2015,（https://www.tweentribune.com/article/tween56/navajo-nation-get-first-junk-food-tax-us/）

政策的に税を利用したわけではなく、意図せずに税制が社会に影響を与えた例もあります。

間口税

かつてベトナムには「間口税」がありました。土地に対する税を道路に面する長さ（間口）によって計算したものです。同じ面積の土地であっても、間口が狭く奥に長い土地のほうが税が少なくすみました。いまでもハノイなどの街中には、間口が狭く奥に長い建物が多い街並みがみられますが、かつての間口税の影響です。

京都にも江戸時代に間口税がありました。そのため、京都ではいまでも「うなぎの寝床」と呼ばれる町家がみられます。税が街並みに影響を及ぼしたのです。

長崎県にあるハウステンボスは、オランダの街並みを忠実に再現しているそうです。その街並みに並ぶ家の造りをみると、通りに面した壁の上部が少し道路側に傾いています。これには税が関係しています。かつて、オランダでも間口の広さに応じて税が課されており、この間口税の負担を少なくするために、間口が狭く奥に長い家が多く建てられました。階段も狭く、上の階に家具など大きなモノを運び上げられないため、通りに面した壁の上部にロープをかけ、家具などを引っ張り上げていきました。その時に家具が壁に当たらないように壁の上のほうを少しせり出して建てたのです。

窓　税

イギリスでは、一六九六年に窓税が導入されました。導入当初の窓税は、家屋の窓の数が一〇を超えるとその数に応じて追加的な税を課すものでした。都市部の大きなアパートについても例外とされなかったので、アパートには重い税が課され、アパートの賃料が上

アルベロベッロのトゥルッリ

がりました。さらに税負担を軽くするために、多くの家が窓の数を減らした結果、暗く、換気が不十分な家がふえ、伝染病が広がるといった衛生・健康問題が生じたことから、窓税は一八五一年に廃止されました(注)。

(注) UK Parliament, Window Tax (http://www.parliament.uk/about/living-heritage/transformingsociety/towncountry/towns/tyne-and-wear-case-study/about-the-group/housing/window-tax/)

家屋税

南イタリアのアルベロベッロとい

う小さな街は、白壁に円錐形の石積み屋根を載せたトゥルッリと呼ばれる家屋が立ち並び、その美しい景観から世界遺産に登録されています。

トゥルッリは一六〜一七世紀に開拓のために集められた農民がつくったものですが、この形式の家屋がつくられた背景には税がありました。当時、漆喰で塗装された家には家屋税が課税されていましたが、徴税官がその街に来るときには、住民は家屋の屋根を取り払って「これは家屋ではない」と主張して税を免れていたそうです。つまり、家屋税対策として、屋根を取り壊しやすい構造にしたのがトゥルッリというわけです。

コラム

スポーツ選手とイギリスの所得税

二〇一二年にロンドンで行われたオリンピック・パラリンピックにおいて、海外から参加する選手に対する税が問題になりました。イギリスの税法では、非居住者がイギリス国内で競技活動を行うと課税対象となり、他の国で生じた所得も含めた合計所得に、イギリスでの滞在日数の割合を乗じて所得税が課されます。この課税の適用は特別な立法措置によりオリンピック・パラリンピック期間中は停止されましたが、それ以外の大会では、大会ごとに停止措置を立法しない限り免除されません。免除措置がない場合、競技者はイギリスで開催された大会に出場して賞金を獲得したとしても、大会での賞金やスポンサー料を含めた全世界所得にイギリス滞在日数の割合を乗じて計算すると、イギリスに納付する税額のほうが大会で獲得した賞金を上回りかねません。このため陸上やテニスなどの競技者がイギリスでの大会に出場するのを避け、別の国で行われる大会に出場することもあるそうです（注）。

（注）Udo Onwere and Thomas Rudkin, UK tax breaks for non-resident sports individuals, Farrer & Co, June 2014（https://www.farrer.co.uk/Global/Briefings/UK%20taxes%20for%20international%20athletes.pdf）

4 社会が税に与える影響

これまで税が社会に与える影響をみてきましたが、以下では社会が税に与える影響をみていきます。

(1) 戦争と税の深い関係

〔間接税〕

諸外国において社会が税に与えた影響、特に戦争が税に影響を与えた例は、歴史のなかでたくさんあります。まず、間接税についてみていきます。

第一次世界大戦は一九一四〜一九一八年まで四年間続きましたが、その頃、ヨーロッパ各国でさまざまな税制改正が行われています。

ドイツ（注1）

ドイツは第一次世界大戦の多額の戦費調達のため、一九一六年に「取引高税」を導入しました。この取引高税は売上げの一定割合を税として徴収するもので、製造、卸売、小売の各段階で課税される一般間接税でした。現在の付加価値税や日本の消費税が採用しているような仕入れに係る税額を控除する仕組みはとられておらず、製造から卸売、卸売から小売へと取引の各段階で取引高税が課され、取引ごとに税が累積していくものでした。その後取引高税は、一九一八年に課税対象がより広い「ライヒ売上税」（注2）へと改正されました。ライヒ売上税では、企業の国内における有償譲渡とその他の役務提供が課税対象でした。ライヒ売上税はその後多くの改正が行われましたが、基本的な構造には変化はなく、税の累積という問題は残っていました。そのため一九三四年の売上税法では、卸売業の売上げに軽減税率が適用されるとともに、卸売業における必要な原材料や半製品の譲渡を免税とする措置がとられました。しかし、この措置によっても税の累積効果を十分に排除することはできず、この問題は一九六八年に付加価値税に変更されるまで継続しました。

（注1）ドイツの間接税について吉村（二〇一二）一〇六～一〇九頁、大蔵省（一九八七）四七～

四八頁を参考とした。
（注2）「ライヒ」はドイツ語で「国」を意味する。

フランス（注）

フランスも第一次世界大戦の戦費調達のため、一九一七年に「支払税」という一般消費税を導入しました。これは小売段階でのすべての支払に対して課税し、納付は印紙によるものでした。しかし、印紙を貼らない税の不納付が横行したため、間もなく廃止されました。

かわって一九二〇年に導入されたのが「取引高税」です。この取引高税は、ドイツと同様に製造、卸売、小売の各段階で課税される仕組みで、取引ごとに税が累積していくものでした。この税の累積を排除するために、一九三六年に取引高税を生産税に変更し、製造業者、卸売業者、小売業者など事業者間の取引は免税とし、最終生産物やサービスの最終消費者への売上げに対してのみ課税することとしました。これにより取引ごとに税が累積する問題はなくなりました。ところが、小売業者が最終消費者へ販売したにもかかわらず、事業者に販売したとして税を回避する脱法行為が広がりました。この悪用をチェックすることはむずかしかったため、事業者間の取引の免税措置にかえて、売上げに係る税額から仕入れに係る税額を控除して、その差額を納付する仕組みの「付加価値税」が一九五四年に導入されました。モノやサービスの仕入れに係る税額を控除できるようになったことにより、取引ごとに税が累積する取引高税の欠点が解消されました。「前段階控除型の付加価値税」と呼ばれるこの仕組みは、現在、日本の消費税を含め世界の付加価値税の標準的な仕組みとなっています。

一九五四年にフランスで導入された付加価値税は、その後、半世紀あまりで世界の多くの国で採用されるようになりました。歴史のなかで一つの税がこれほど短期間に広まった例はほかに見当たりません。

（注）フランスの間接税について、西野・酒井（二〇〇六）一〇五〜一〇九頁、吉村（二〇一二）一〇九〜一一〇頁を参考とした。

イギリス（注）

イギリスは一九四〇年、第二次世界大戦の戦費調達のために「仕入税」を導入しました。これは奢侈（しゃし）品（必需品以外の品）を中心として特定の物品に対して卸売段階で課税す

図表１－２　諸外国の主な間接税の導入年と導入の背景等

国	税目	導入年	導入の背景等
ドイツ	取引高税 ライヒ売上税	1916年 1918年	第一次世界大戦の戦費調達 課税対象の拡大 （1968年に付加価値税となる）
フランス	支払税 取引高税 生産税	1917年 1920年 1936年	第一次世界大戦の戦費調達 （1954年に付加価値税となる）
イギリス	仕入税	1940年	第二次世界大戦の戦費調達 （1973年に付加価値税となる）
アメリカ	小売売上税 （州税）	1930年以降	世界大恐慌による財政悪化

るものでした。この仕入税は、イギリスがＥＣに加盟した一九七三年に、「付加価値税」に改められました。

（注）イギリスの間接税について大蔵省（一九八七）四八頁を参考とした。

アメリカ

アメリカにおいては、一九二九年から始まった世界大恐慌を背景に「小売売上税」が導入されました。一九二九年一〇月にニューヨーク証券取引所で株価が大暴落し、それが世界中に波及しました。世界大恐慌により不況が深まっていくなか、悪化した財政を立て直すために、一九三〇年以降いくつかの州が小売売上税を導入しました。各州が導入した小売売上税は、州によって税率や課税の仕組みがそれぞれ異なり、連邦全体で統一されたものではありませんでした。今日でもアメリカの売上税は各州が制定しており、州によって課税対象や税率などその仕組みはさまざまです。

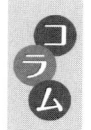

コラム

日本にもあった取引高税

日本においても、第二次世界大戦後の一時期、「取引高税」が導入されていました。一九四八年（昭和二三年）九月に、所得税と法人税の減税を補うために創設されたものです。取引高税は、販売業者などの売上高に一%の税率で課税し、取引高税印紙により納付する仕組みでした。しかし、取引ごとに印紙を貼付しなければならないという煩雑性から批判が強く、一九五〇年（昭和二五年）四月のシャウプ勧告に基づく税制改正により廃止されました。

コラム　国内産業保護の道具だった関税

一六～一七世紀の中世ヨーロッパでは、外国からの商品の輸入に対して高い関税をかけて国内の産業を保護していました。その一方で、原材料の輸入に関する関税は低く抑えて国内産業の競争力を高めようとしました。

一方、産業革命により生産力が飛躍的に向上したイギリスは、関税を引き下げて自由に貿易を行うことが自国製品の世界各地への輸出増加につながるため、自由貿易を推進しました。そのため、関税を大きく引き下げる一方で、代替財源を所得税に求めました（注）。

（注）ヨーロッパの関税の歴史について西野・酒井（二〇〇六）一六八～一七一頁を参考とした。

〔直接税〕

次に直接税についてみていきます。

イギリス（注）

イギリスでは、一七九二年に始まったフランス革命戦争以降、断続的に戦争状態が続いていました。フランス革命戦争は、革命後のフランスと、イギリスおよびオーストリアを中心としたヨーロッパ列強国との一連の戦争で一八〇二年まで続いたものです。イギリスはこの戦争の戦費調達のために、一七九八年に所得税を導入しました。

導入された所得税は、多様な所得源からの所得を合算した総所得に対して総合課税を行うものでした。しかし、納税者が自らの所得の把握を十分に行えなかったことや、徴税側の検査体制や罰則が整備されておらず、十分な税収をあげることはできなかったことから、フランスとの講和が結ばれた一八〇二年に廃止されました。ところがイギリスは、翌年の一八〇三年に講和を破棄してフランスとの戦争を再び始めます。ヨーロッパ全体を巻き込んで行われたナポレオン戦争（一八〇三～一八一五年）です。この戦争開始直後に所得税が再導入されました。再導入された所得税は申告納税ではなく、所得を五つの所得源に分類し発生源で源泉徴収する分類所得税の方式でした。徴税方式を切り替えたおかげで安定した高水準の税収を維持できました。所得税は、ナポレオン戦争が終わった翌年の一八一六年に廃止されましたが、一八四二年に財政上の必要性から再び導入されます。再導入された所得税にも分類所得税の仕組みが取り入れられ、これがイギリスの所得税に定着していきました。

所得税は第一次世界大戦中に増税されます。所得税の標準税率は、第一次世界大戦が始まった一九一四年には六％でしたが、戦争中に大きく引き上げられ、戦争が終わった一九一八年には三〇％になっていました。

（注）イギリスの所得税についてGrossfeld and Bryce（1983）pp.212〜223、諸富（二〇一三）四七〜四八頁を参考とした。

ドイツ（注）

ドイツは、一八〇五年にナポレオン率いるフランスとの戦争に敗れ、その戦債償還の財源として一八〇八年に所得税を導入しました。導入当初の税率は最高二〇％の累進税率で、自主申告制度によるものでした。しかし、この所得税は国民から大きな抵抗に直面したため一八一四年の対ナポレオン戦争に勝利した直後に廃止されました。その後一八九一年に穏やかな累進税率構造を有する所得税をプロイセンが導入し、その仕組みを第一次世界大戦後にドイツが引き継ぎ、それが基本的に現在まで維持されています。

（注）ドイツの所得税についてGrossfeld and Bryce（1983）pp.223～237、諸富（二〇一三）九一～九三頁を参考とした。

アメリカ（注1）

アメリカにおいて所得税は、南北戦争（一八六一～一八六五年）の戦費調達のために、一八六一年に初めて導入されました。当時、連邦政府は憲法により直接税を課税する権限がなかったため、所得税は消費課税の一形態として導入されました。しかし、当時の憲法では、直接税は、各州の人口に比例していなければならないとされていたため、最高裁判所は各人の所得と連動する所得税を憲法違反と判断し、所得税は一八七二年に廃止されました。その後、地域による税収のばらつきや農業者と負担の少なかった商工業者との不均衡の改善、関税の減税を埋めるため、一八九四年に所得税は再び導入されました。しかしこれも憲法違反とされて翌年の一八九五年に再度廃止されました。その後、一九一三年の憲法改正によりこの規定が削除され、連邦政府に個人や法人の所得に対する課税権限が与えられ、所得税は一九一三年に復活しました。

なお、アメリカでは一九〇九年に法人税導入法案が可決されました。その年のうちに多くの違憲訴訟が起こされましたが、最高裁判所は、法人税は直接税ではなく、法人形態で事業を営む特権の付与に対する「免許税」であるとして合憲と判断しました。

一九一四年から始まった第一次世界大戦は、アメリカの税制に大きな影響を与えました。戦争により、ヨーロッパの民間船舶の自由・安全な運行が困難になったため、アメリカの関税収入が激減し、代替財源として所得税や法人税の強化が図られました。一九一六年には、所得税の通常税率を一%から二%に、累進的な付加税率を一～六%から六～一三%に引き上げ、同時に法人税率も一%から二%に引き上げました。また、この年の税制改革で初めて「相続税」が導入されました。五万ドル以上の純資産の相続に対して、一～一〇%の累進税率で課税するものでした。戦争の進行とともに「戦時税率」が上乗せされ、各税の増税が行われました。特に所得税の付加税率は、それまで六～一三%だった税率が最高で五〇%となりました。さらに一九一七年には「超過利潤税」という新税を導入し、企業の課税対象年の利潤が戦前三年間の平均利潤を上回った場合に、その超過分に対して二〇～六〇%の税率で課税しました。この新税からの税収で、連邦税収の半分以上をまかなっていました。第一次世界大戦が終了すると、各税の税率は引き下げられ、超過利潤税は一九二一年に廃止されました。

図表1－3　諸外国の所得税の導入年と導入の背景等

国	導入年	導入の背景等
イギリス	1798年（1802年廃止、1803年再導入）	フランス革命戦争（1792～1802年）の戦費調達
ドイツ	1808年（1814年廃止、1891年再導入）	フランス革命戦争の戦債償還財源
アメリカ	1861年（1872年廃止） 1894年（1895年廃止） 1913年	南北戦争の戦費調達 農業者と商工業者との不均衡是正 憲法改正して再導入

所得税の最高税率も第一次世界大戦が終わってから引き下げられ、世界大恐慌前の一九二九年には二四％となっていました。しかし大恐慌に入ってから、ニューディール政策実施の財源として六三％に引き上げられました。さらに第二次世界大戦が始まると、今度は戦費調達のために各種の税の大幅な増税が行われました。GDPに占める税収の割合は、一九四一年には七・六％でしたが、終戦時の一九四五年には二〇・四％と大きく上昇しました。戦後この割合は低下し、一九五〇年には一四・四％となっています（注2）。

（注1）アメリカの直接税についてGrossfeld and Bryce (1983) pp.237～250、諸富（二〇一三）一〇六～一三八頁、Corporate Income Tax Brackets and Rates, Data Release (https://www.irs.gov/pub/irs-soi/02corate.pdf) を参考とした。
（注2）Almanac of Policy Issues, History of the US Tax

図表1－4　国税収入割合の推移

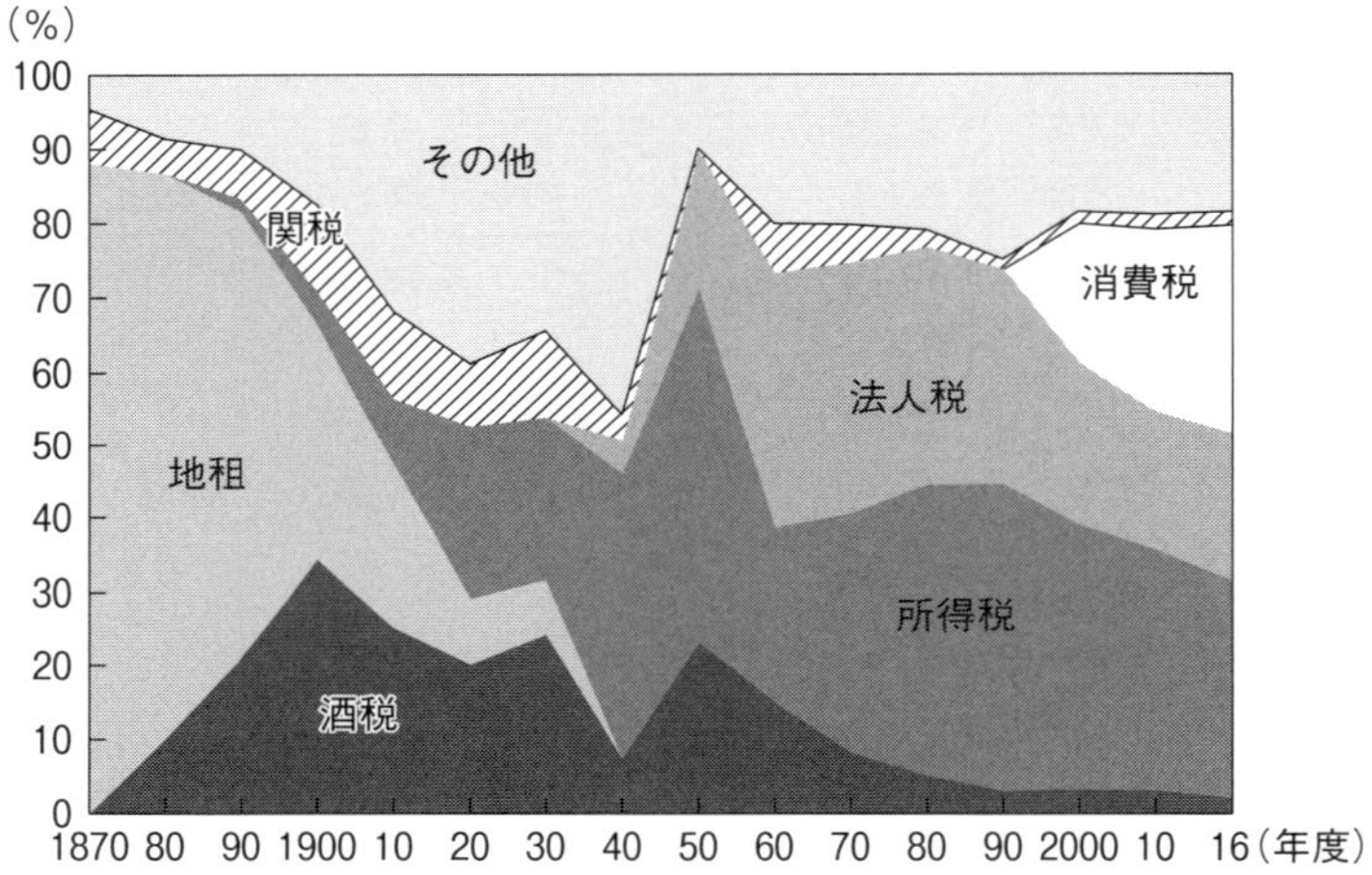
（%）
100
90
80
70
60
50
40
30
20
10
0
その他
関税
消費税
法人税
地租
所得税
酒税
1870 80 90 1900 10 20 30 40 50 60 70 80 90 2000 10 16（年度）

（出所）　2016年度を除き10年ごとにプロットしたもの。税務大学校（1996）244～271頁（1990年度以前）、財務省統計（2000年度以降）より作成

System（http://www.policyalmanac.org/economic/archive/tax_history.shtml)

(2)　日本における社会と税

社会の変化は税制に大きな影響を与えます。図表1－4は、わが国の国税収入割合の長期的な推移を示したものです。税収の構成は、各時代の経済力の担い手を反映しますが、時代とともに構成割合が大きく変化しているのがわかります。

一九世紀後半までは地租が税収の大半を占めていました。一九世紀末頃から酒税やその他の間接税の割合が増加していきました。産業の発達に伴って、所得税や法人税の割合が上昇していきました。一九八九年に消費税が導入された後は消費税の割合が上昇しています。なお、地租は第二次世界大戦後、固定資産税として地方公共団体の税となっています。

以下では、日本における各時代の税についてみていきます。

〔第二次世界大戦までの税制〕

地　租

江戸時代には、商工業者、漁業者などに対して、免許税や営業税のような性質をもつ「運上」や「冥加」など、さまざまな税が課されてはいましたが、財源の中核は米の収穫からくる年貢でした。農業が産業の中心だった江戸時代には、収穫された米の一定割合が税として徴収され、米の収穫量、つまり石高により大名の財政力が測られていました。各藩は領地を石高で示し、領主の「格」や家臣の階級も石高を基準としていました。経済力を反映するモノサシとして米の収穫量が用いられていたのです。

幕府の財政は、直轄領からの年貢が一七世紀末には四〇〇万石にも及び、加えて、佐渡、石見などの鉱山からの収入や、大阪、京都、堺、長崎などの主要都市を直轄地として商工業を統括するなど、その財政基盤は盤石でした。それが江戸時代が長く続いた一因といえます。なお、江戸時代末期には幕府の財政は相当悪化しており、このことが幕府の終焉につながったと考えられます。

コラム 田沼意次の改革

田沼意次というと「賄賂政治」という悪役イメージを思い浮かべるかもしれませんが、実は町人資本を活用したインフラ整備などを進めたほか、税制面でも改革を行いました。

田沼意次は、第一〇代将軍の徳川家治（在任：一七六〇～一七八六年）の時に、老中に就任しました。第八代将軍の徳川吉宗（在任：一七一六～一七四五年）は、幕府の財政難のため質素倹約を進め、農民に対して増税を行いました。幕府財政は改善しましたが、第九代将軍の徳川家重（在任：一七四五～一七六〇年）の頃には農民一揆が多数発生しました。田沼意次の経済政策は、農民に対する増税の限界がみえてきたなかで、経済を活性化し、農民への増税ではなく商業や流通に着目して財政再建を目指したものです。田沼意次は、商人の株仲間を公認し、独占的販売権の特権を与えるかわりに、一定の運上金（営業税）を納めさせました。当時発展していた商品流通、つまり商業に対する税を導入したのです。

地租改正

明治時代になってから、新政府は、租税制度は当分の間従来のままとするとしていたため、税収の大半は江戸時代の年貢を踏襲した地租でした。地租は江戸時代の藩ごとに扱いが異なっており、また、年によって増減する収穫高に基づいて課税されていたため、国として安定的な税収の確保ができませんでした。

一八七一年（明治四年）に廃藩置県が行われました。廃藩置県は、分権的な制度である「藩」を廃止し、中央集権制度のもとでの地方組織として「県」を置くもので、藩がもっていた軍事と徴税の権限は明治新政府に移りました。廃藩置県の際に、旧藩の債務や藩のなかだけで通用していた紙幣である藩札をすべて新政府が継承したこと、また、士族には禄が保障されたことから、諸藩の抵抗はまったくなかったといいます。旧藩にとっては、膨大な借金を新政府に肩代わりしてもらい、債権者も返済が見込めるようになり、だれも損をすることはなかったためです（注）。

一方で、明治新政府は廃藩によって諸藩の債務を引き継いだため、その財政状況はきわめて厳しいものでした。そこで新政府は、安定的な財源を確保するために、地域ごとに不統一だった地租を全国統一とする地租改正条例を公布し、一八七三（明治六）〜一八八〇年（明治一三年）の七年をかけて地租改正を行いました。

地租改正は、全国の地価を定め、土地所有者を確定し、所有者に地券を発行しました。地券には所有者、地価、面積、地租が記されていました。あわせて課税標準を年によって変動する不安定な収穫高から地券に表示された地価に変更し、物納を貨幣による納付に改めるとともに、その税率を地価の三％とし、土地の所有者を納税者とするものでした。この地租改正によって近代的な租税の形式が整い、新政府の財政の基盤が築かれました。

江戸時代には収穫高に応じて年貢が決められていたので、収穫が上がるとその分年貢もふえました。一方、地価に基づく地租は、豊作・凶作による収穫高の増減にかかわらず納める税は一定のため、収穫高がふえれば農家の取り分がふえることになります。地租改正の直前の一八七一年（明治四年）には、政府は田畑でつくる作物を自由化していました。農家の勤労意欲が上昇し、農作物の生産量が増加しました。しかし、地租改正は、税率の高さやそれまで課税が見逃されていた農地も課税の対象となるなど、農民の負担の軽減にはならず、むしろ増税となった地域も多く、前述したように、多くの農民が負担の軽減を求めて各地で一揆を起こしました。政府はやむなく税率を三％から二・五％に引き下げました。

（注）井上（一九七四）一九一～一九二頁参照。

酒税

明治時代中期まで歳入に占める割合の第一位は地租でした。一八七七年（明治一〇年）には、歳入の八二％を地租が占めていました。その後、酒税収入が次第に増加していき、一八九九年（明治三二年）には酒税の収入が地租を上回り、歳入に占める割合は三六％となって、初めて第一位となりました。以後、一九〇三年（明治三六年）までおよび一九〇九（明治四二）～一九一七年（大正六年）において、酒税は歳入のトップを占めるなど（注1）、明治時代から第二次世界大戦まで、酒税とその他の間接税（多くは個別物品税）が地租と並んで税収の中心的な役割を担っていた時期が長く続きました。

酒税の歴史は古く、室町幕府第三代将軍足利義満（在任：一三六八～一三九四年）の頃から課されていたとされます。当初は、酒を製造する特権の対価、すなわち営業免許税のような性質のものでした。

一八七一年（明治四年）に明治新政府は酒類への課税を全国統一とし、酒造営業税と売上代金に定率で課税する醸造税との併用方式としました。一八七五年（明治八年）と一八八〇年（明治一三年）の改正では、酒類販売価格に応じて課税されていた醸造税を、生産高に応じた課税である造石税（ぞうこくぜい）としました。また、酒類免許鑑札の交付を受ける際に徴収していた酒造営業税を酒造免許税に改称しました。一八九六年（明治二九年）には酒造や醤油醸造の営業免許税などを営業税法に一本化し、酒類に対する課税は造石税のみとなりました。その後、一九四四年（昭和一九年）の酒税法改正により、造石税を廃止し、現在の庫出税（くらだしぜい）方式（製造場から移出するときに移出高に応じて課税する方式）となります（注2）。

明治時代以降、一八七八年（明治一一年）と一八八〇年（明治一三年）には海軍の拡張のため造石税が増税され、その後の累次の戦争時には酒税は頻繁に増税されました。

酒税の執行においては、密造酒の取締りが主要な任務でした。当時の日本には各地に酒造の風習があり、密造酒取締りが精力的に行われていました。大蔵省出身の大平正芳元首相は、日本経済新聞の「私の履歴書」のなかで税務署長時代の体験を記しています。大平元首相は、一九三八年（昭和一三年）から一年間、仙台の税務監督局間税部長として勤務していました。「私の履歴書」は、当時、東北各地でドブロク（濁酒）の製造が盛んで、仙台税務監督局間税部三〇〇人のうち半数はもっぱらその取締りにあたっていたことや、税務署の密造監視班は、未明から密造酒の摘発に取りかかるのが常で、空が明るくなる頃、ドブロクの入ったカメが発見され、直ちに調書をとり即決の処分を行うといった、当時の密造酒取締りの執行状況を紹介しています（注3）。

（注1）税務大学校（一九九六）二〜四頁参照。
（注2）酒税の沿革について大蔵省（一九八七）五九〜六一頁を参考とした。
（注3）大平正芳（一九七八年）「私の履歴書」日本経済新聞社、四四、四六頁（佐藤（一九九〇）一九七頁に引用）。

関　税

明治初期の日本では、関税収入が税収全体に占める割合はわずかなものでした。開国時に欧米各国と締結した条約は、関税を自ら決定する関税自主権のない不平等条約であったため、関税の税率は低く抑えられていたためです。なお、低い関税率は、外国から原材料や機械を安く輸入して産業を発展させる観点からはプラスに作用した面もあります。

一九一一年（明治四四年）に小村寿太郎外相のもとで日本は関税自主権を完全に回復しました。関税自主権の回復後も税収全体に占める関税の割合は、さほど増加しませんでした。これは、国内産業の発展のために設備や材料輸入に対する関税の税率を低く抑える政策をとったことや、経済成長により所得税など関税以外の税収が増加したためと考えられます（注）。

（注）関税について西野・酒井（二〇〇六）二八一〜二八二頁を参考とした。

間接税

日本において間接税は、昭和時代前期まで税収の基幹となっていました。酒税、醤油税、砂糖消費税、煙草税などの個別消費税に加えて、一九三八年（昭和一三年）に物品税が導入されました。この物品税は、一九八九年（平成元年）に消費税が導入される時まで続きました。

煙草に対する全国で統一的な課税は、一八七五年（明治八年）の「雑税整理」にまでさかのぼります。江戸時代には、各藩は独自に多種多様な税を課していました。明治新政府は税制を簡素化させるため、全部あわせると一五〇〇種類以上あったという雑税を廃止・

整理し、国税と地方税とに区別し、国税として酒類税、証券印紙税、煙草税、関税などを残しました。それまで煙草は各地でそれぞれの仕組みで課税されていましたが、この時から全国で統一された課税が行われるようになりました。

煙草税は、煙草営業税と製造煙草税からなり、煙草営業税は、煙草の卸売に年一〇円、小売に年五円を課しました。製造煙草税は煙草の定価に応じて課税され、納税は売買の際に印紙を貼付する方式でした。しかし、印紙貼付の煩雑さから、印紙の不貼付、流用などの税逃れが横行しました。一八九四年（明治二七年）の日清戦争開始後、日本は軍事拡張などの財政需要の増大から増税が必要となりました。酒税、営業税とともに煙草税は有力な財源と考えられましたが、税逃れの問題があったため、一八九六年（明治二九年）に葉煙草専売法が制定され、煙草税は専売制度へと移行しました。

砂糖に対する税は、一九〇一年（明治三四年）に砂糖消費税として導入されました。北清事変（注1）の戦費調達が目的でした。当時、砂糖は輸入品が多く、ぜいたく品とされていたのです。

醤油に対しては、江戸時代には、幕府が清酒とともに製造者を限定し、「冥加金（みょうがきん）」という営業免許税が課されていました。明治維新後も新政府はそれを踏襲していましたが、一八七一年（明治四年）から、免許税と醸造税が製造者に課されることになりました。一八七五年（明治八年）には、生活必需品である醤油に課税するのは望ましくないという理由でいったん廃止されましたが、日清関係の緊張が高まったことを背景として、一八八五年（明治一八年）に軍備拡張の財源として復活し一九二六年（大正一五年）まで継続しました（注2）。

（注1） 列強諸国の進出に反抗した義和団の乱（一九〇〇～一九〇一年）を鎮圧する戦争。
（注2） 間接税について大蔵省（一九八七）五九～六一頁参照。

所得税・法人税

個人の所得に対する所得税は、一八八七年（明治二〇年）に、海軍を強化するための軍艦建造費など軍備拡張の財源として創設されました。

創設された所得税は、一～三%の五段階の累進税率で、基礎控除などの所得控除はありませんでした。年三〇〇円以上の所得がある者のみに納税義務があり、納税者の総数は全国で一二万人弱でした。当時の物価からすると年三〇〇円の所得は高額であり、納税者はきわめて少なく、当時所得税は「名誉税」と呼ばれていました。三%の最高税率が適用されたのは所得三万円以上の者であり、その人数は全国でわずか六〇名。導入当初の税収は、税収全体の一〜二％にすぎませんでした。

課税の方法は、納税者から選出された委員からなる所得調査委員会が地域ごとに設置され、その審議を経て各人の所得が決定され、地方の郡区長により課税決定が行われました（注）。

所得税はその後、日清戦争後の財政需要や軍備拡張のために、一八九九年（明治三二年）の改正により、第一種所得（法人所得）、第二種所得（公債・社債の利子）、第三種所得（個人所得）に分類され、法人の所得に対しても所得税の一つの形態として課税されることとなりました。

法人所得へ課税されることとなった背景には、企業活動の発展や、商人の帳簿作成義務を規定した商法改正などがありました。第一種所得（法人所得）に対する導入当初の税率は二・五％で、法人の損益計算書に基づいて税務署長が所得を決定しました。

明治時代中期まで税収の中心は地租でした。地租は土地が多い地方部への課税といえます。地方の農村に負担が偏った地租から、産業の発展による都市部の発達に伴って、都市部からも税収を得られるよう個人や法人の所得に対する税が導入されたといえます。明治時代の中期以降、所得税の割合が徐々に高まっていきます。所得税は一九一七年度（大正六年度）に、地租を抜き、酒税に次いで第二位の税収を占め、一九一八年度（大正七年度）には酒税を抜き第一位となっています。税収の増加に伴って、この頃から、社会的公平性の向上のための政策的な配慮が所得税の制度に組み込まれていきました。一九一三年（大正二年）の改正では、所得税に勤労所得の控除や少額所得者の特別控除が導入されました。

第一次世界大戦（一九一四〜一九一八年）頃から税収全体に占める所得税の割合は一〇％台となり、一九一九年（大正八年）には二〇％を超え、一九三七年（昭和一二年）には三〇％に達しました。

一九四〇年（昭和一五年）には所得税の大きな改正が行われました。第一に、勤労所得に対する源泉徴収制度が導入されます。第二に、所得税が分類所得税と総合所得税の併用とされました。この併用方式は、所得を不動産所得、利子・配当所得、事業所得、勤労所得、山林所得、退職所得の六種類に分類してそれぞれの所得を計算した後に、すべての所得を総合して累進税率（一〇〜六五％）を適用するものです。第三に、法人の所得に対する税である第一種所得税を所得税から分離して「法人税」という独立した税目とされました。法人税は、第二次世界大戦後の経済成長に伴って、所得税と並んで税収の大きな割合を占めていきます。

第二次世界大戦後は経済成長を反映して所得税・法人税の税収割合は年々上昇を続け、一九八五年（昭和六〇年）には所得税と法人税合計で七〇％以上に達しました。課税の中心が地方部から経済力のある都市部へシフトしていったといえます。

（注）所得税導入について国税庁（一九九六）二二一〜二二三頁参照。

〔戦争と税制〕

戦争は社会に大きな影響を与えますが、戦争により多くの税制改正が行われてきました。以下では戦争と税についてみていきます。

日露戦争と税制

一九〇四年（明治三七年）の日露戦争は、日清戦争に比べても巨額な戦費を要しました。この財源調達のために「非常特別税」が制定され、個人や法人への所得税など既存の税に一定の税率が上乗せされたほか、小切手印紙税、砂金採取地税、通行税、織物消費税、米および籾（もみ）輸入税などの新税が創設されました。

一九〇五年（明治三八年）には相続税が創設されました。これも日露戦争の軍事費をまかなうためでした。創設当初の相続税の最高税率は六・五％で、一九〇七年（明治四〇年）の納税者数は二万九〇〇〇人、全税収に占める割合は〇・五％にすぎませんでした（注）。

（注）相続税導入について税務大学校（一九九六年）五頁参照。

第一次世界大戦と税制

一九一四年（大正三年）から始まった第一次世界大戦によって、日本経済は好景気となりました。重化学工業を中心に多くの企業が成長し、特に海運業や造船業は巨額の利益を得ました。好景気のなか、政府は軍事強化のために、所得税や酒税などの増税を行うとともに、法人や個人の利得に対して「戦時利得税」という追加的な税を導入しました。戦時利得とは、法人については平時の平均所得金額に対して二〇％以上の超過分、個人については前二年間の平均所得金額の二〇％以上の超過分をいい、この超過分に対して法人は二〇％、個人は一五％の税率で課税するものでした。戦時利得税の税収における割合は、一九一九年度（大正八年度）は所得税に次いで大きな割合を占めました。戦時利得税は、第一次世界大戦が終わると廃止されました。

第二次世界大戦と税制

一九三七年（昭和一二年）に日中戦争が始まると、戦費調達のために、公債発行の増加とともに「臨時租税増徴法」が制定され、法人の資本金額の一〇〇〇分の一を徴収する法人資本税、揮発油税などが創設されました。また、所得税（法人所得に対する第一種所得税を含む）や相続税とともに、酒税、砂糖消費税などの間接税を中心に大幅な増税が行われました。さらに同年、「北支那事件特別税法」が制定され、そのなかで物品特別税が創設されました。貴石製品、真珠製品、貴金属製品、べっ甲製品、さんご製品、写真機、写真フィルム、蓄音機、レコード、楽器の一〇品目が物品価格の二〇％の税率で課税されました。翌年にはゴルフ用品、猟銃、弾丸など多くの品目が課税対象に追加されました。酒税や所得税のさらなる増税も行われました。これらの税は戦争の拡大とともにさらに課税が強化されていきます（注1）。

一九四一年（昭和一六年）に太平洋戦争が始まってからは、酒税などの間接税や所得税

図表１－５　各税の導入年と導入の背景等

税目	導入年	導入の背景等
所得税	1887年（明治20年）	国防費増大の財源確保、地租に依存していた租税体系の見直し
法人税	1899年（明治32年）	日清戦争後の財政需要や軍備拡張財源として所得税の一分類として導入。1940年（昭和15年）に法人税として独立
相続税	1905年（明治38年）	日露戦争（1904～1905年）の戦費調達

の増税に加えて、広告税などの新税が導入されました。この頃の税務執行は、新税の導入や大幅な増税による課税対象の拡大や納税者の急増（注２）のために多忙となり、また滞納も増加していました。一方で、軍隊に召集される職員が増加し、人手不足の状態にありました（注３）。

このように累次の戦争時には戦費調達のために、新税の創設や既存の税の増税が頻繁に行われました。

（注１）第二次世界大戦時の税制について武田（一九九二）一二九頁参照。

（注２）所得税の納税者数は、一九四〇年（昭和一五年）の約四〇七万人から一九四四年（昭和一九年）には一二四〇万人超に増加した（金子（二〇一七）五二頁）。

（注３）国税庁（一九九六）六四～六六頁参照。

コラム　税務職員だった杉原千畝氏の父（注）

・杉原千畝：一九〇〇年一月生。岐阜県加茂郡八百津町出身。第二次世界大戦中、在リトアニア領事代理として「命のビザ」を約六〇〇〇人のユダヤ人に発給し、ナチスドイツの迫害を受けたユダヤ人を救済。

・杉原好水（よしみ）：税務職員。静岡県藤枝署、岐阜県上有知（こうずち）署および中津川署、石川県朝日署、三重県四日市署および桑名署、愛知県名古屋署に勤務。一九〇七年、朝鮮総督府財政部（京城：現ソウル）に赴任。

杉原千畝さんは、第二次世界大戦中、在リトアニア領事代理として「命のビザ」を約六〇〇〇人のユダヤ人に発給し、ナチスドイツの迫害を受けたユダヤ難民を救ったことで有名で、映画にもなりました。

杉原千畝さんのお父さんの杉原好水さんが税務職員だったことは、あまり知られていま

早稲田大学キャンパス内にある杉原千畝さんのモニュメント

外交官としてではなく
人間として当然の
正しい決断をした
杉原千畝

せん。好水さんは静岡県藤枝税務署、岐阜県上有知税務署および中津川税務署、石川県朝日税務署、三重県四日市税務署および桑名税務署、愛知県名古屋税務署に勤務した後、一九〇七年千畝さんが小学生の時に、朝鮮総督府財政部（京城：現在のソウル）に赴任しました。当時の京城には、税務監督局や税関もありました。当初は単身で赴任しましたが、しばらくして千畝さんを除く家族も京城へ引っ越しました。好水さんは朝鮮総督府財政部での勤務の後、京城で旅館業を始め、旅館は盛況だったようです。

千畝さんは一九一七年（大正六年）に中学校（現在の高校）を卒業した後に京城に

行き、父の勧めで京城医学専門学校の入学試験を受験しました。しかし、千畝さんは、医者になることを希望していなかったため、入学試験は白紙で提出し、弁当を食べただけで帰宅したといいます。父の意に反して英語の教師になるつもりでいた千畝さんは、翌年の一九一八年（大正七年）に早稲田大学高等師範部英語科予科へ入学しました。大学二年の時に、外務省の官費留学生の募集へ応募し、ロシア語留学生としてハルビンに赴任して、その後外交官としてのスタートを切りました。

（注）　杉原千畝氏について杉原（一九九〇）を参考とした。

〔戦後の税制・税務行政〕

第二次世界大戦は、日本へ社会的、経済的に大きな影響を与えたことはいうまでもありません。そして終戦後には、社会の仕組みが大きく変容し、税制も大きく変わりました。以下では、第二次世界大戦後の社会の変化に伴う税制や税務行政の変容について、終戦直後の混乱から現在に至るまでの変遷をみていきます。

図表１－６　終戦直後の状況

・ＧＨＱによる統治方式
・超インフレーション：卸売物価指数の推移（注）

昭和21年	22年	23年	24年	25年	26年	27年	28年
364.5％	195.9％	165.6％	63.3％	18.2％	40.2％	2.0％	0.7％

・インフレによる所得税負担の不均衡
　事業者……前年度所得を基準に課税
　勤労所得者……当年度所得を基準に課税

（注）　数値は日銀調卸売物価指数（戦前基準）の対前年度上昇率。
（出所）　国税庁（2000）12頁

終戦直後の状況

終戦直後の日本では、アメリカを主体とする連合国軍による、マッカーサー司令官が率いる連合国軍総司令部（以下「ＧＨＱ」）の指令を日本政府が実施するかたちの間接統治方式がとられました。

当時は急激な物価上昇が進行していました。物価上昇率は、一九四六年（昭和二一年）には三六四・五％、翌年は一九五・九％と超インフレーションでした。この超インフレーションに対して税制は十分に対応できておらず、税負担の不均衡が生じていました。事業者は、前年度の所得を基準に納税額が決定されていたことから、インフレーションによって事業者の税負担が僅少となっていたのに対し、勤労所得者は、当年度の所得を基準として源泉徴収により課税されるため大きな負担感を感じており、事業者と勤労所得者との間で税負担が不公平となっていたのです。

一方、当時の税務執行の体制は不十分でした。終戦直後の税務職員の数は少なく、短期間に大量の職員を採用しました。税務署の定員数は、一九四五年（昭和二〇年）一万九四一八人から、一九四六年度（昭和二一年度）二万七〇四五人、一九四七年度（昭和二二年度）七万九九七人、一九四八年度（昭和二三年度）七万三六〇七人へと急増しています。税務署数は終戦当時の三九六署から、一九四九年（昭和二四年）六月には四九七署に増加しました（注）。職員を大量に採用した結果、税務職員の大部分が三〇歳未満、経験三年未満でした。また、税務職員の採用については、特に都市部においては、食料不足や住宅不足のため希望者が少なく、十分に人員を確保することはできませんでした。職員数も不足し、職員の知識や経験も乏しく、円滑な税務行政を推進することは困難な状況で終戦後の税務執行の現場はスタートしました。

（注）　戦後の執行体制について税務大学校（一九九六）一一〇頁参照。

終戦直後の税制改正

[終戦後導入された税]

・戦時補償特別税……政府に対する請求権に一〇〇%の税率で課税

・財産税……財産価額一〇万円超の財産を所有する個人に課税

・非戦災者特別税……家屋が焼けなかった者に対する一回限りの税

① 家屋を所有していた者に対する非戦災家屋税

② 家屋を賃借していた者に対する非戦災者税

・取引高税（一九四八年九月施行）……四〇業種の営業者の取引に対して課税⇓

一九五〇年一月に廃止

第二次世界大戦の終戦直後には、戦時補償特別税、財産税、非戦災者特別税、取引高税など多くの新税の導入や既存の税制の見直しが行われました（注）。

戦後補償特別税と財産税は、一回限りの税として一九四六年（昭和二一年）一〇月に導入されました。戦時補償特別税は、戦争中の軍需金の政府の未払代金など政府に対する請求権に一〇〇％の税率で課税したものです。税率一〇〇％ということは、つまり政府の借金を帳消しにするものでした。

財産税は、戦争で儲けた利益を吸収するという理由で、一九四六年（昭和二一年）一〇月に導入されました。所有する財産価額が一〇万円を超える財産を有する個人に課税するもので、二五〜九〇％の累進税率で課税されました。納税者の数は、全世帯数の三％弱、実効税率の平均は三三・九％、税負担の割合は財産価額一五〇〇万円以上の資産家では八八・七％ときわめて重いものでした。戦前の財閥、旧華族、豪農、戦争成金などの資産家に対し多額の税が課せられ、資産家の多くはこの財産税により消滅しました。

一九四七年（昭和二二年）一二月に導入された非戦災者特別税は、家屋が戦災に遭った者と遭わなかった者との差を是正するため、家屋が焼けなかった者に対する一回限りの課税です。非戦災家屋税と非戦災者税の二つがあり、前者は家屋を所有していた者に対するもの、後者は家屋を所有してはいないが家屋を賃借していた者に対するもので、前者は賃貸価格相当額の三〇〇％、後者は賃貸価格の三〇〇％が課税されました。

取引高税は四〇業種の営業者の取引に対して課税するもので、一九四八年（昭和二三年）九月に導入されました。取引の各段階で一％の税率で課税する一般売上税で、領収書などの帳票に印紙を貼ることによって納付しました。この取引高税は、印紙を貼る煩雑性から一九五〇年（昭和二五年）に廃止されました。

日本国憲法が一九四六年（昭和二一年）一一月三日に公布され、翌年五月三日に施行されました。新憲法では、国民の三大義務の一つとして納税の義務が規定されます。また、新たに租税を課す、あるいは現行の租税を変更するには法律または法律の定める条件によることも規定されました。この租税法律主義の規定は、大日本帝国憲法にもありましたが、新憲法にも引き継がれたものです。

戦後には地方税の拡充が行われました。一九四六年（昭和二一年）に道府県民税が創設され、地租、家屋税、営業税が国から地方に移管されました。その後、地租と家屋税が統合されて固定資産税となり、営業税は事業税となりました。また、第二次世界大戦に至るいくつもの戦争の過程で各地方自治体にはさまざまな税が存在していましたが、一九五〇年（昭和二五年）の税制改正で整理され、多くの税目が廃止されました。

（注）　戦後の税制改正について国税庁（二〇〇〇）一二一～一二三頁参照。

申告納税制度の導入

[申告納税制度導入：一九四七年（昭和二二年）]
・所得税、法人税等の直接税に採用
・賦課課税制度廃止
・第三者通報制度および申告書の閲覧制度の導入⇒一九五四年（昭和二九年）廃止

戦前においては、営業所得者の所得に対して賦課課税制度が採用されていました。賦課課税制度は納税者がまず毎年三月一五日までに所得の申告を行い、税務署が収集した資料と納税者の申告額とに基づき所得税額を算出し、四月下旬～五月に民間から選出された各地域の名士や有力者で構成される所得調査委員会の決定を経て、六月頃に税務署が各納税者に税額決定通知書を発出する方式でした。この制度は実額による課税というよりも、納税者間のバランスを重視した課税でした。このバランスをチェックするのが所得調査委員会で、各業種や各業者間のバランスに配慮しつつ課税額を決定したうえで、営業所得者に税を賦課していました（注1）。税の徴収は市町村に委託されていました。

一九四七年（昭和二二年）に所得税の改正が行われます。所得調査委員会の決定を経た賦課課税制度を廃止し、事業所得については、前年度所得を課税標準として、予定される所得に基づいて当年度の所得に課税する方式となり、所得の発生と納税時期が近づくように改正されました。

同年、この税額決定方式の変更が行われ、納税者が自ら所得と税額を計算して申告・納税する「申告納税制度」が導入されることになりました。申告納税制度の導入に伴い所得調査委員会は廃止されます。

申告納税制度は、所得税、法人税、相続税などの直接税に導入されました。改正後の所得税申告は、四月にその年の所得の見積高を予定申告し、予定納税額の四分の一ずつを四月、七月、一〇月、翌年一月に分割して納付し、確定申告により予定納税額との差額を精算するものでした（注2）。

申告納税制度の導入にあわせて、正しい所得申告を促すために、申告納税となった税目について、不誠実な申告に関する情報を税務当局に通報した者に報酬を与える第三者通報制度が導入されました。また、第三者通報制度の前提として申告書の閲覧制度も創設されました。現在は、個人情報の保護が重要となっていますが、当時は他人の申告書の閲覧を税務署に請求すればだれでも閲覧することができたのです（注3）。

この第三者通報制度は、一九五四年（昭和二九年）に廃止されています。密告を促す仕組みは社会的に望ましくないということが理由だったようです。現在でも、アメリカなどいくつかの国で通報者に報酬を与える第三者通報制度が実施されています。

一九四七年（昭和二二年）に行われた相続税の全面改正では、申告納税制度が導入されたほか、贈与税が創設されました。

申告納税制度のもとでは、納税者自らが所得と税額を計算して申告・納税することが必要ですが、当時の納税者は、自分で所得や税額を正確に計算することに慣れていませんでした。申告納税制度の定着に向けて、納税者、税務当局、関係民間団体などによる息の長い取組みが始まります。

（注1）所得調査委員会については牛込（二〇一七）に詳しい。
（注2）高橋（二〇〇三）一五九～一六〇頁参照。
（注3）申告書の閲覧制度は一九五〇年（昭和二五年）からは高額所得者の申告書の公示となり、一九八三年（昭和五八年）からは高額納税者の公示に変更。

税務執行の状況

［申告納税制度導入後の混乱］
・申告納税制度に不慣れな納税者、税務職員
・低い課税最低限とインフレーションによる納税者数の急増
・闇取引が多く、不安定な経済状況
・ＧＨＱによる割当課税

前述のとおり戦後には各種の税制の転換が行われましたが、当時の税務環境は混乱状況にありました。要因として次のような点があげられます。

第一に、納税者や税務職員が、申告納税制度など新しい税制に不慣れだったことです。事業者には正確な帳簿をつける習慣が少なく、過少申告や無申告が相次ぎました。

第二に、低い課税最低限とインフレーションによる納税者数の急増です。物価の急速な高騰に課税最低限の引上げが追いつかなかったことから、納税者数は、一九四五（昭和二〇）～一九四九年（昭和二四年）にかけて一四八万人から九四五万人と六倍以上に急増

しました（注1）。

第三に、闇取引が多く、経済状況が不安定だったことです。物資が不足するなか、食管制度のもとでほとんどの食料が統制物資とされ、配給以外に食料を入手することは違法行為でしたが、各地に闇市が立ち、そこにさまざまな品物が集まり飛ぶように売れました。多くの人が税の申告以前に、食料を確保して生活していくのに精一杯という状況でした。

第四に、ＧＨＱによる強力な割当課税（軍政部による税務督励）です。割当課税とは、実際の所得にかかわらず、税務署が徴税目標額を設定して、目標額に達するように税額を各納税者に割り当てて強力に徴税するものです。

税務目標額の決定は、平均所得額を地域ごとに推計し、予想される収入見込額により課税するもので、個々の納税者の実際の所得とは関連がないものでした。目標を達成した税務署長にはシャープペンシルなどの報奨が与えられ、目標未達成の税務署長にはＧＨＱから厳しく叱責がされました。

一九四七年（昭和二二年）末には徴税達成額が目標額の三四・四％にしか達していませんでしたが、割当課税を強力に進めた結果、その後三カ月で目標額の一一〇・四％に達しました（注2）。この割当課税により、税務署は調査に基づかない大量の更正決定を行い、それに対して納税者から大量の異議申立てが行われました。異議申立てを受けた税務署は更正決定額を見直し、大量の減額更正をしたため、税務行政に対する信用は大きく損なわれました。

当時は無申告も多く、申告してもその多くが過少申告でした。無申告および過少申告に対する更正決定の割合は、一九四八年(昭和二三年)では営庶業関係納税者の七〇%、その翌年は五五%におよび、追徴税額も所得税徴収額の四〇~五〇%を占めていました(注3)。納税者からすると、正しく申告しても実際の所得にかかわらず更正決定されるため、当初の所得を過少に申告し、税務署が割当課税による更正決定を行い、それに対して異議申立てが行われるという悪循環となっていたのです。

また、一九四八(昭和二三)~一九四九年(昭和二四年)には、新規の滞納発生割合が四割以上というひどい状態でした。GHQの指示で、差押財産の引揚げを「滞納処分」と書かれた横断幕をつけたトラックで行うなど、デモンストレーション的な方法もとられました。

このような状況をみたGHQの初代内国歳入課長のハロルド・モス氏は、納税者が低額の申告をして税務職員との交渉により税額を決めてもらおうとしていること、他方、税務署側は大量の更正決定を十分な調査に基づかずに行っていること、さらには軍政部による税務督励が税収確保のために圧力を加える方式をとっていることをそれぞれ問題視します。そして、不正確な申告と調査に基づかない更正決定の悪循環を断ち、納税者の自発的な法令順守を促進していくことが必要として、改善に取り組んでいきました（注4）。

（注1） 高橋（二〇〇三）一六一頁参照。
（注2） 国税庁（二〇〇〇）三二頁参照。
（注3） 税務大学校（一九九六）一二八頁参照。
（注4） 国税庁（二〇〇〇）三三〜三四頁参照。

査察制度の導入

［査察制度の導入］
・戦前……訴追されるのは間接税の脱税のみ
・一九四八年（昭和二三年）……「間接国税犯則者処分法」を「国税犯則取締法」に改正

戦前においては、間接税の脱税は犯罪として訴追されていましたが、所得税や法人税などの直接税の脱税に対しては、罰則は設けられていたものの適用されることはありませんでした。当時は、個別物品を対象とした間接税は、課税標準の客観的な把握が可能でしたので、脱税に対して刑事罰が科されることもありました。それに対して、直接税は課税のバランス（衡平）を重視し、実際の所得に基づく課税ではなく所得の概算額を算定した、いわば推計による課税だったため、刑事罰を科すことはできませんでした。

しかし、申告納税制度の導入とともに、一九四八年（昭和二三年）七月に「間接国税犯則者処分法」が「国税犯則取締法」に改正され、直接税についても脱税に対して刑事罰を追及できる査察制度が導入されました。

改正に伴って、それを執行する体制も整備されます。査察制度の発足当初の査察官の定員は全国で約五〇〇〇人であり、そのうち五〇〇人が大蔵省主税局査察部に、残りの者は各財務局国税査察部に配属されました。

査察制度が導入された当時は、インフレーションによる利得を隠匿する者がたくさんおり、査察調査の件数も多く、一九四九年（昭和二四年）の査察調査の着手件数は八八〇件に達していました（注）。

（注）　西野・酒井（二〇〇六）一三五頁参照。

国税庁の創設

［国税庁の創設］
・必要性
①　中央集権的、効率的、組織的税務機構の欠如
②　主税局の権限が税務署に及ばないこと
③　税務署を管轄する財務局の業務が広範すぎること
・税務行政組織を大蔵省の外局として独立（一九四九年六月）

戦後に税制が大きく改正される一方で、税務環境が混乱していたなか、ＧＨＱのハロルド・モス内国歳入課長は、①中央集権的、効率的、組織的な税務機構が欠如していること、②大蔵省主税局の権限が十分に税務署に及んでいないこと、③税務署を管轄する財務局の業務が広範すぎることなどを理由として、国税行政組織を創設する必要性を説きまし

た（注）。そして、全国統一的な税務行政を推進するため、高い道徳心と専門的知識をもつ職員を備えた専門的な税務機構が必要とされ、一九四九年（昭和二四年）六月一日に、大蔵省の外局として国税庁が創設されます。国税庁のもとには財務局の一部を改組した国税局と税務署が設置され、現在の税務執行体制が確立されました。

混乱していた戦後の税務環境は、社会の安定、インフレーションの収まりや納税者の税務に対する理解が徐々に深まっていったことにより、次第に改善されていきました。

（注）国税庁（二〇〇〇）四九頁参照。

シャウプ勧告

［シャウプ勧告の主な内容］
・直接税中心の税体系
・総合累進所得税の推進
・青色申告制度の創設
・富裕税の創設

・所得税の申告書の簡素化
・異議処理機関として協議団の設置
・税務広報の充実
・徴税目標額制度の廃止

一九四九年（昭和二四年）五月、アメリカのコロンビア大学教授のカール・S・シャウプ博士を中心とする七名の税制使節団が来日しました。来日の目的は、日本の税制や税務執行の現状を調査して、望ましい改革案を提言することでした。同年九月、使節団は日本税制の改革案である第一次シャウプ勧告（注1）をマッカーサー元帥に提出しました。このシャウプ勧告は、税の公平性を重視し、直接税中心の税体系、総合累進所得税の推進、青色申告制度の創設、富裕税の創設、所得税申告書の簡素化、異議処理機関として協議団の設置、税務広報の充実、徴税目標額制度の廃止など税制と税務執行の両面にわたる広範なものでした。

この勧告内容の多くが一九五〇年度（昭和二五年度）の税制改正に反映され、青色申告制度や富裕税などが導入されました。シャウプ勧告は当時の所得税の最高税率が八五％であることが勤労意欲を減退させるとし、改正では最高税率が五五%に引き下げられました。この引下げを補完するものとして富裕税が導入されました。富裕税は、個人の資産の一定額（五〇〇万円）を超える部分に対して〇・五〜三%の累進税率で課税するものでした。ただし、富裕税は資産把握の困難性から一九五三年（昭和二八年）に廃止され、そのかわりに所得税の最高税率が六五%に引き上げられました。

シャウプ勧告とそれに基づいた税制改正は、現在の日本の税制の基幹を築いたといえます。当時の日本は、占領下にあったという政治的背景もあり、勧告の多くを税制改正に反映させて実施しました。実態にあわない部分はその後修正していきましたが、よりよい税制を目指して改正を行ったということが、長期的に安定した税制の基盤を築くことにつながったのです。

日本におけるシャウプ勧告のような取組みが行われた例は、いくつかの国でみられます。コロンビアにおけるマスグレイブ使節団による勧告（一九七一年）は税制改正に反映され、その後のコロンビアの税制論議の基礎となりました。一方、リベリアにおけるシャウプ使節団によるレポート（一九七〇年）、ボリビアにおけるマスグレイブ使節団によるレポート（一九八〇年）は、その後の税制改革や税制論議にほとんど影響を与えなかった

シャウプ勧告書

（出所）　税務大学校ウェブサイト―税務史料ライブラリー
（http://www.nta.go.jp/ntc/sozei/shiryou/library/19/02.htm）

ようです（注2）。日本におけるシャウプ勧告の内容は、一九五〇年（昭和二五年）の税制改正に多くが盛り込まれましたが、その後、国の状況にあわせて修正・廃止されたものも多くあります。当初から必ずしも理想的な税制とならなくても、税制改正の実施後に、実情にあわない点があれば修正していけばよいと考えます。

（注1）　なお、シャウプ使節団は一九五〇年（昭和二五年）七月に再来日し、同年九月に第二次報告書を発表している。
（注2）　Lindbeck（1990）p.71

〔戦後復興期以降の税務行政〕

復興期

申告納税制度が導入されると、納税者の自発的な申告・納税を促していくことや、正しい申告をしない納税者に対する税務調査がより重要となります。国税庁は、広報や税務相談や税務調査の充実に取り組んでいきました。

申告納税制度が導入された一九四七年（昭和二二年）においては、個人事業者は年間の所得を見積もり年四回に分けて申告・納税を行うこととなっていましたが、実際の歳入状況は低調でした。そこで、都道府県を本部として、所得税の確定申告期までに、大々的な税務広報キャンペーンが展開されました。新聞、雑誌、ラジオとともに、大量のポスターを製作し、全国に配布しました。

個人事業者に対しては、税務署に来署するよう案内をして個別に申告を指導する「お知らせ方式」という方法で適正な申告を促していきました。

税務コンプライアンスの向上に向けて、国税庁の取組みに加えて、各地で設立された以下のような税務に関する民間協力団体が、活発な活動を展開していきました。こうした民間協力団体の活発な取組みと相まって、申告納税制度は徐々に定着することになったのです。

〔税務に関する民間協力団体の設立〕

・税理士会……一九五一年（昭和二六年）改正の税理士法に基づいて設立

・青色申告会……一九五〇年（昭和二五年）四月に青色申告制度が導入され、同年秋頃から東京都内の青色申告者有志が結成し、その後全国各地で順次結成

・法人会……一九四六年（昭和二一年）以降全国各地で順次設立

・間税会……一九四七年（昭和二二年）頃から東京国税局管内で間接税の納税者で組織する団体として結成。その後全国各地で結成

・納税貯蓄組合……一九五一年（昭和二六年）制定の納税貯蓄組合法に基づき設立

・酒類業組合……一九五三年（昭和二八年）制定の酒類の保全及び酒類業組合等に関する法律に基づき現在の酒造組合と酒販組合が設立（注）

（注）酒造組合は、明治時代に入り、一八八四年（明治一七年）の農商務省の同業組合準則も影響して各地に酒造組合が結成されていった（税務大学校ウェブサイト「3　酒造組合の設立」(https://www.nta.go.jp/ntc/sozei/tokubetsu/h21shiryoukan/04.htm) 参照）。

高度経済成長期

○税制の整備

昭和三〇～四〇年代の高度経済成長期には、成長による自然増収のもとで、物価上昇に伴う減税、低所得者の負担軽減のため所得税の各種控除の引上げなどの減税が行われました。法人税については、資本の蓄積や輸出を促す租税特別措置が拡充されていきました。高度経済成長期に企業収益は増加し法人税収も増加して、一九五七年（昭和三二年）に法人税は国税収入に占める割合が第一位となりました。企業収益の増加は、雇用の拡大や給与水準の上昇につながり、源泉所得税の増収ももたらします。

この時期には、相続税法の改正（一九五八年（昭和三三年））、国税徴収法の改正（一九五九年（昭和三四年））、国税通則法の制定（一九六二年（昭和三七年））、所得税法と法人税法の全文改正（一九六五年（昭和四〇年））など、税法体系全般にわたる整備が行われました。

また、経済取引の国際化が進展していくなか、タックスヘイブン対策税制（一九七八年（昭和五三年））や移転価格税制（一九八六年（昭和六一年））など、国際化に対応した税制の整備が行われたのもこの時期です。

○税務執行体制の整備

税務執行については、職員の研修機関である税務講習所の税務大学校への改組（一九六四年（昭和三九年））、納税者からの電話相談を専担で行う職員の配置（一九六五年（昭和四〇年））、国税不服審判所の創設（一九七〇年（昭和四五年））などの体制整備が行われました。また、国税庁は一九六六年（昭和四一年）に電子計算組織を導入し、事務の効率化や税務調査の高度化を図っていきました。

○高度経済成長の終焉とその後

- 消費税の導入（一九八九年（平成元年）四月）
- 所得税の累進構造の緩和
- 法人税の税率引下げ
- 物品税の廃止
- e-Taxの導入

一九七〇年代後半以降、戦後の高度成長が一段落した一方で、産業構造の多様化、経済社会の成熟化、高度情報化、国際化の進展などの変化が顕在化してきました。将来の高齢社会における社会保障費の増大への対応や公平性の向上の観点から、一九八八年（昭和六三年）に抜本的な税制改正が行われ、所得・資産・消費のバランスのとれた税体系が志向されました。消費全般から広く負担を求める消費税が創設される一方、所得税の累進税率の緩和、法人税率の引下げ、物品税の廃止が行われました。

税務執行面では、二〇〇一年（平成一三年）に全国一二の国税局と五二四の税務署をネットワークで結ぶシステムが全国に展開しました。また、インターネットにより各種の申告書を送信できるｅ-Ｔａｘが二〇〇三年（平成一五年）以降導入されるなど、申告納税制度を支える納税環境の整備が行われてきています。

コラム　発展途上国と税

発展途上国においても、それぞれの国の社会や経済を反映しながら税制が形成されてきました。発展途上国においては、国による福祉や医療サービスの水準は総じて低く、教育や社会インフラの整備など多様な分野で財政上のニーズが大きいなかで、それらのニーズを実現するための財源をいかに確保していくかが重要な課題となっています。

① 所得分配の状況と税収の構成割合

発展途上国においては、所得分配が比較的不平等です。不平等の程度を示すジニ係数（ゼロに近いほど所得分配の平等性が高く、1に近いほど不平等性が高いという係数）をみると、発展途上国の多くは先進国に比べて高い値（1に近い値）になっています（注1）。こうしたなか、所得再分配機能を有する租税、特に個々の納税者の状況を勘案して負担水準を設計できる所得税の役割が重要となります。

ところが発展途上国における税収の構成割合をみると、所得税の占める割合はそれほど大きいものではありません。発展途上国のＧＤＰに占める各税の割合をみると、ＯＥＣＤ

諸国に比べて関税の割合が総じて高く、所得税の割合は低くなっています（注2）。このように、現在は関税に比較的多くの税収を依存している発展途上国ですが、世界的に自由貿易が推進されていく潮流のなか、次第に関税の税収が減少し、また、経済の発展に応じて所得課税の役割が高まっていくことが予想されることから、今後、税収に占める関税の割合は低下していくと見込まれます。その際に、所得税、法人税、付加価値税といった税をいかに適正・公平に徴収して財源を確保していくかが課題となります。

② 徴税目標

多くの発展途上国は徴税目標を設定しています。徴税目標制度は、国内総生産（ＧＤＰ）の予測値に対する一定割合などを徴税額の目標とし、それを達成するように努める歳入管理の方法です。

徴税目標の達成に固執するあまり、法に基づかない課税をすることになれば、納税者からの信頼を損ねることになります。地域や業種ごとの割当的な課税を実施すると、課税額が本来納付すべき税額より過大であると、あるいは過少であっても、課税の公平を損ない、納税者の税務当局への信頼が低下することになります。かつて日本でも徴税目標制度が採用されていましたが、シャウプ勧告はこの徴税目標制度について、「自発的な申告納税は納税者の正確な所得の確定を目指している。その根本原理は、いわゆる『目標額制度』と対照的なものである。……目標額制度は所得税、法人税の徴収が完全に崩壊するのを防止するには当初は必要であったかもしれない。しかし、これをやめるのでなければ健全な税務行政の出現は望めない」としています(注3)。申告納税制度のもとでは、徴税目標ではなく、あくまで予算編成のなかでの税収の見積りとしたうえで、納税者自らが税法に基づいて適正に申告する環境を整えていくべきでしょう。

③ 税制改革と執行可能性

多くの発展途上国においては、社会・経済の変化に対応して税制を改善させるために税制改革を行ってきています。

税制を再構築する際は、執行可能性も考慮されなくてはなりません。発展途上国では、限られた税務職員数のもとで、多数の小規模事業者からいかに適正に徴税するかという大きな課題を抱えています。小規模事業者が正確な所得計算を行うことがむずかしい状況であるならば、執行可能性を考えると、売上げに業種ごとに定めたみなし経費率を乗じた数値を用いるみなし課税も現実的な選択肢として容認されるでしょう。

税制や税務執行の改善の取組みは、税の問題にとどまらず、国への信頼の向上、個々の事業者にとっては正確な帳簿の作成や分析を通じて事業の発展、さらには個々の事業の発展が集積して国の経済成長にもつながっていきます。適正な税務申告を通じて、開発途上国がいっそうの発展を遂げていくことが期待されます。日本からも、アジア各国を中心とする発展途上国の税務職員を対象に税制や税務執行に関する専門的知識や技術を提供する技術協力が積極的に行われています。

（注1） 国別のジニ係数についてWorld Bank, GINI Index（World Bank estimate）（https://data.worldbank.org/indicator/SI.POV.GINI）参照。
（注2） 各国の数値について、国際統計格付センター「世界・税収に占める関税の割合ランキング」（http://top10.sakura.ne.jp/IBRD-GC-TAX-IMPT-ZS.html）参照。
（注3） シャウプ使節団（一九四九）附録巻ⅣD五頁参照。

第2章

日本社会の変化と税

第1章では社会と税との密接不可分なつながりをみてきました。今後の税制を考えるにあたっても、現在の社会の状況を正しく認識することが重要です。本章では、近年の日本社会の主な変化として、①人口減少と高齢化の進展、②経済成長率の低下、③格差の拡大、④国際化の進展、⑤情報通信技術の発達、⑥国の借金の増加を取り上げ、これらについて税や財政との相互関係を交えながらみていきます。

1 人口減少と高齢化の進展

日本は第二次世界大戦後に高度経済成長を遂げました。その原動力には多様な要因が存在するでしょうが、経済成長に大きく影響を与えた要素として人口増加があげられます。

図表2－1は一九五〇～二〇六〇年の人口の推移と見通しを示しています。一九五〇年（昭和二五年）の日本の人口は六〇〇〇万人でした。その後人口は増加を続け、二〇〇八年（平成二〇年）には一億二八〇八万人となりました。しかし、国立社会保障・人口問題研究所による将来人口の推計によると、日本の人口は、二〇〇八年をピークとして急速に減少し、二〇六〇年には八一三六万人（中位推計）になると予測されています。つまり、戦後数十年で二倍以上に増加した人口は、今後は数十年かけて約三分の二に減少していくと見込まれるのです。

人口減少の背景には出生率の低下があります。合計特殊出生率（注1）は、一九四七年（昭和二二年）には四・五四、一九七〇年（昭和四五年）には二・一三でしたが、一九七五年（昭和五〇年）に二を下回り、二〇〇五年（平成一七年）には一・二六となりました。そ

図表２－１　総人口と年齢区分別人口の推移・見通し

○　総人口は、2008年をピークに減少していくことが見込まれる。生産年齢人口は、それより早い1995年をピークとし、総人口より速いペースで減少する見込み。

・総人口　【1970年→1995年→2015年→2065年】：10,372→12,557→12,660（＋0.8％）→8,136万人（▲35.2％）

・生産年齢人口　【1970年→1995年→2015年→2065年】：7,157→8,717→7,682（▲11.9％）→4,113万人（▲52.8％）　※カッコ書は対1995年比

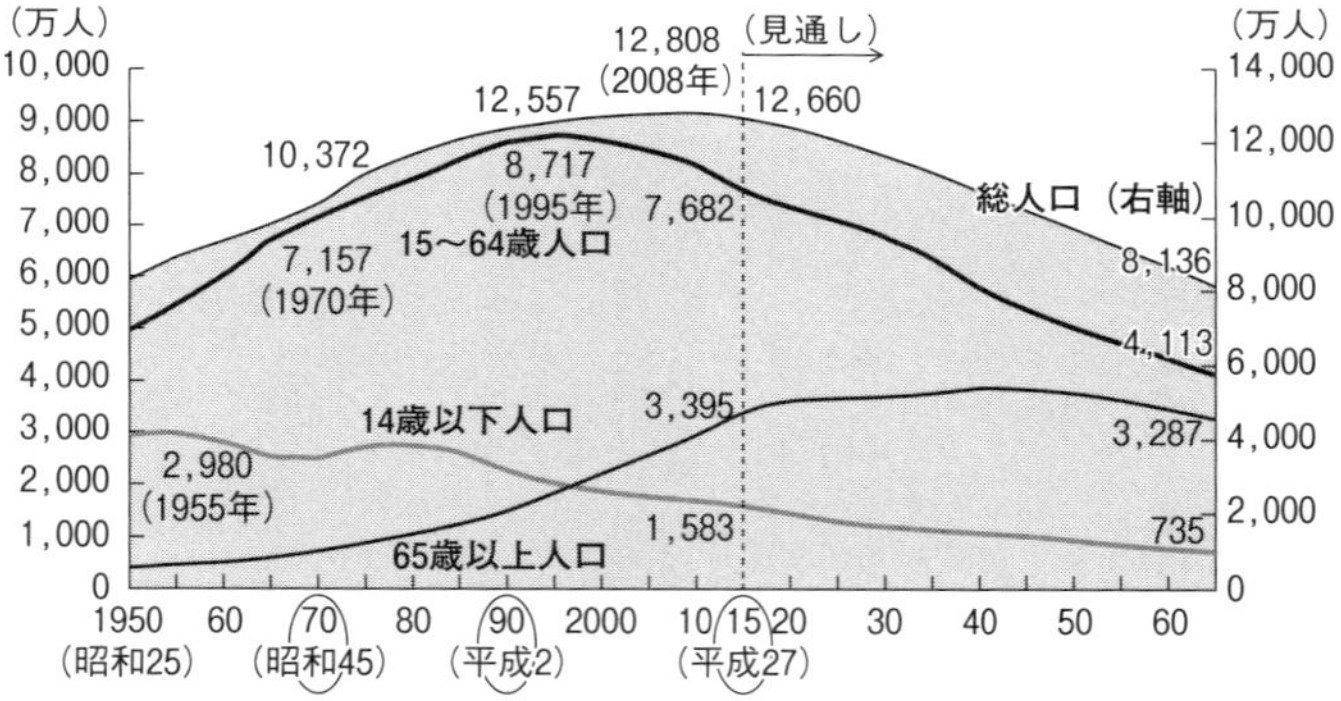

（万人）
10,000
9,000
8,000
7,000
6,000
5,000
4,000
3,000
2,000
1,000
0
12,808
（2008年）
（見通し）
（万人）
14,000
12,000
10,000
8,000
6,000
4,000
2,000
0
12,557
12,660
10,372
8,717
（1995年）
7,682
総人口（右軸）
7,157
（1970年）
15～64歳人口
8,136
4,113
3,395
14歳以下人口
3,287
2,980
（1955年）
1,583
735
65歳以上人口
1950
（昭和25）
60
70
（昭和45）
80
90
（平成2）
2000
10
15
（平成27）
20
30
40
50
60

（出所）　総務省「国勢調査」および「人口推計」、国立社会保障・人口問題研究所「日本の将来推計人口（2012年１月推計）：出生中位・死亡中位推計」（各年10月１日現在人口）、厚生労働省「人口動態統計」

（注）　年齢別人口には年齢不詳の人口を含めていない。

（出所）　税制調査会（2015年８月28日）財務省説明資料［平27．８．20総17－１］１頁（http://www.cao.go.jp/zei-cho/gijiroku/zeicho/2015/__icsFiles/afieldfile/2015/08/27/27zen17kai2.pdf）

の後少し回復しているものの、二〇一三年（平成二五年）は一・四三にとどまっています（注2）。出生率低下の一因として晩婚化や未婚化があげられます。晩婚化については、女性の平均初婚年齢は一九七五年（昭和五〇年）の二四・七歳から二〇一四年（平成二六年）には二九・四歳に、男性は一九七五年の二七・〇歳から二〇一四年には三一・一歳に上昇しています（注3）。未婚化については、男性（三〇～三四歳）の未婚率は一九八五年（昭和六〇年）の二八・二％から二〇一五年（平成二七年）には四七・一％に、女性（三〇～三四歳）は一九八五年の一〇・四％から二〇一五年には三四・六％に上昇しています（注4）。

人口減少自体は必ずしもマイナス面ばかりではありません。道路の渋滞や通勤の混雑が緩和され、多くの人が住宅をもち、ゆとりのある生活を実現できるなどのプラス面も多く期待できます。しかし、高齢者が増加する一方で、若年人口が減少する少子化が進行していくことは財政に大きな問題を投げかけます。

現在の社会保障や税の仕組みは、主として勤労世代が負担の多くを担っています。生産年齢（一五～六四歳）人口が、二〇一五年（平成二七年）七六八二万人から、二〇六五年には四一一三万人に減少していく一方で、高齢者（六五歳以上）の二〇六五年の人口は

2000 （平成12）	2010 （平成22）	2017 （予算ベース）
386.0	361.9	404.2
78.4（100.0%）	105.4（100.0%）	120.4（100.0%）
41.2（ 52.6%）	53.0（ 50.3%）	56.7（ 47.1%）
26.2（ 33.5%）	33.2（ 31.5%）	38.9（ 32.3%）
11.0（ 14.0%）	19.2（ 18.2%）	24.8（ 20.6%）
20.31%	29.11%	29.79%

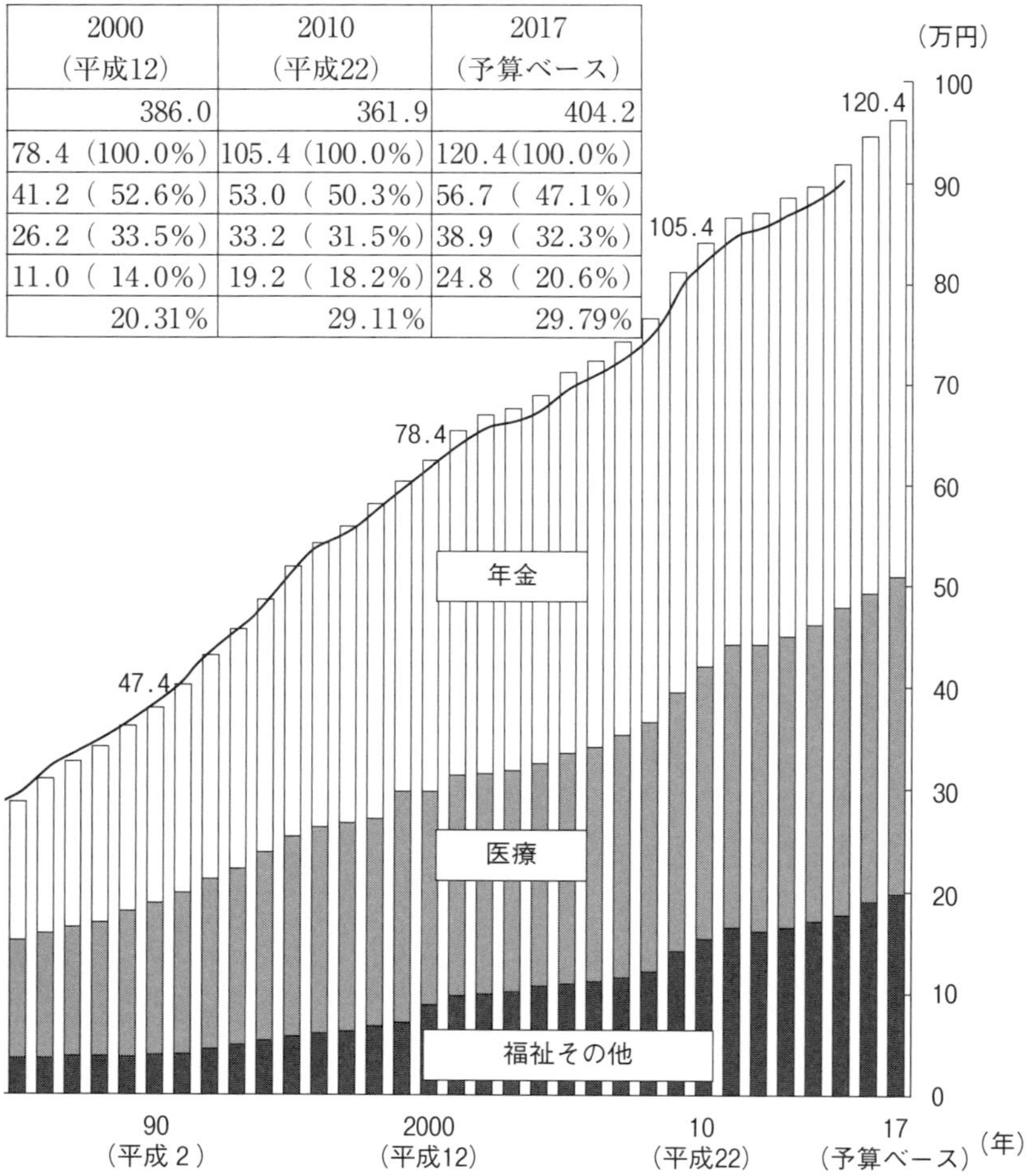
（万円）
100
90
80
70
60
50
40
30
20
10
0
120.4
105.4
78.4
47.4
年金
医療
福祉その他
90
（平成２）
2000
（平成12）
10
（平成22）
17
（予算ベース）
（年）

（予算ベース）は厚生労働省推計、2017年度の国民所得額は「平成29年度の経済見通しと経済財

算ベース）の社会保障給付費（兆円）である。
Seisakutoukatsukan/0000128233.pdf）

図表２－２　社会保障費の推移

	1970 （昭和45）	1980 （昭和55）	1990 （平成２）
国民所得額（兆円）A	61.0	203.9	346.9
給付費総額（兆円）B	3.5（100.0％）	24.8（100.0％）	47.4（100.0％）
（内訳）　年金	0.9（ 24.3％）	10.5（ 42.2％）	24.0（ 50.7％）
医療	2.1（ 58.9％）	10.7（ 43.3％）	18.6（ 39.1％）
福祉その他	0.6（ 16.8％）	3.6 （ 14.5％）	4.8 （ 10.2％）
B／A	5.77%	12.15%	13.67%

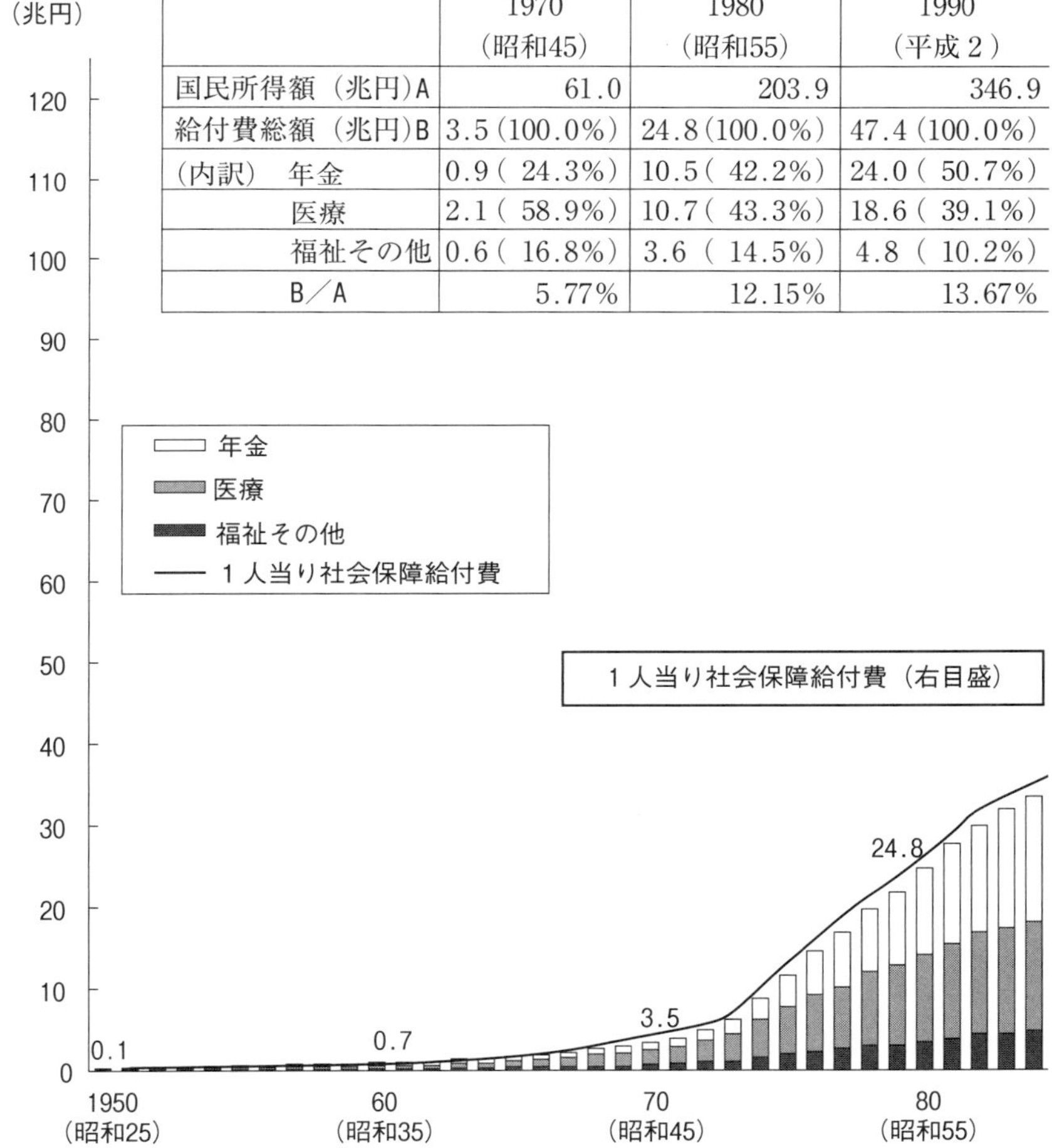

（兆円）
120
110
100
90
80
70
60
50
40
30
20
10
0
年金
医療
福祉その他
１人当り社会保障給付費
１人当り社会保障給付費（右目盛）
0.1
0.7
3.5
24.8
1950
（昭和25）
60
（昭和35）
70
（昭和45）
80
（昭和55）

（資料）　国立社会保障・人口問題研究所「平成27年度社会保障費用統計」、2016年度、2017年度
政運営の基本的態度（2017年１月20日閣議決定）」

（注）　図中の数値は、1950、1960、1970、1980、1990、2000および2010ならびに2017年度（予

（出所）　厚生労働省ウェブサイト（http://www.mhlw.go.jp/file/06-Seisakujouhou-12600000-

二〇一五年（平成二七年）とほぼ同程度の三二八七万人と予測されています。人口に占める高齢者の割合である高齢化率は、一九七〇年（昭和四五年）七・一%、二〇一五年（平成二七年）二六・七%、二〇五〇年三九・九%と上昇していきます（注5）。

図表2－2に示されているように、社会の高齢化に伴い年金、医療、福祉などの社会保障費は急速に増加しています。図表2－2左上の表にあるように、国民所得額に占める給付費総額の割合は、一九七五年（昭和五〇年）は五・七七%でしたが、二〇〇〇年（平成一二年）には二〇・三一%、二〇一七年（平成二九年）には二九・七九%と大きく上昇しています。

社会保障費が増加している一方で、社会保障以外の支出が限定されてきています。図表2－3の真ん中のグラフにあるように、諸外国と比べると、政府の社会保障以外の支出の対GDP比は、一位はハンガリーで二四・七%のところ、日本は一三・八%で三〇カ国中二九位と低い水準になっています。なお、図表2－3の右のグラフにあるように日本は租税収入の対GDP比が低い（二八位）一方で、左のグラフにあるように社会保障支出の対GDP比は中程度（一五位）です。諸外国と比べて、低い負担で平均的な社会保障水準を維持してきたことが、後述する債務残高の累増の一因と考えられます。

図表２－３　財政規模の国際比較（2014年）

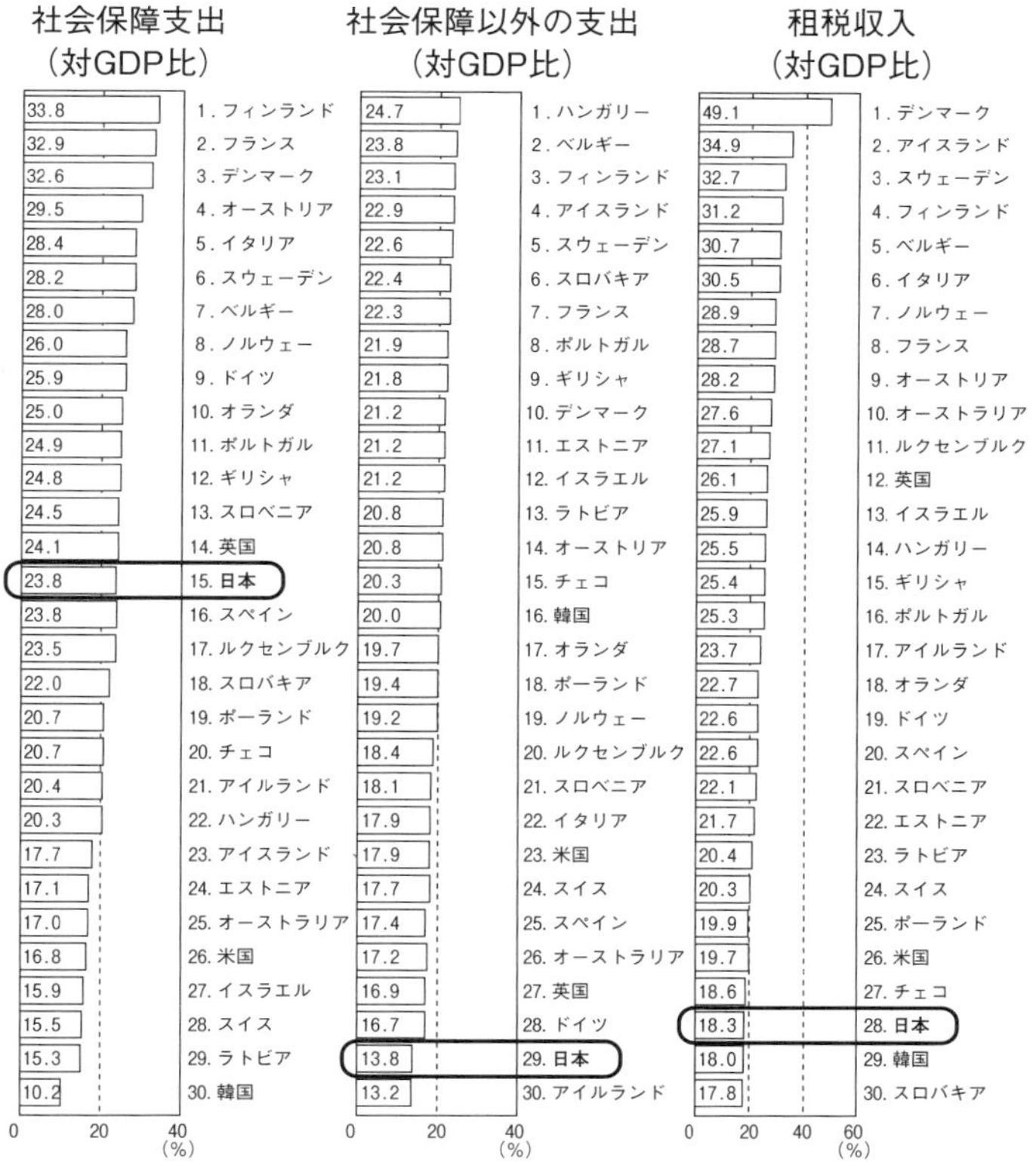
社会保障支出
（対GDP比）
33.8 1．フィンランド
32.9 2．フランス
32.6 3．デンマーク
29.5 4．オーストリア
28.4 5．イタリア
28.2 6．スウェーデン
28.0 7．ベルギー
26.0 8．ノルウェー
25.9 9．ドイツ
25.0 10．オランダ
24.9 11．ポルトガル
24.8 12．ギリシャ
24.5 13．スロベニア
24.1 14．英国
23.8 15．日本
23.8 16．スペイン
23.5 17．ルクセンブルク
22.0 18．スロバキア
20.7 19．ポーランド
20.7 20．チェコ
20.4 21．アイルランド
20.3 22．ハンガリー
17.7 23．アイスランド
17.1 24．エストニア
17.0 25．オーストラリア
16.8 26．米国
15.9 27．イスラエル
15.5 28．スイス
15.3 29．ラトビア
10.2 30．韓国
0 20 40
（%）
社会保障以外の支出
（対GDP比）
24.7 1．ハンガリー
23.8 2．ベルギー
23.1 3．フィンランド
22.9 4．アイスランド
22.6 5．スウェーデン
22.4 6．スロバキア
22.3 7．フランス
21.9 8．ポルトガル
21.8 9．ギリシャ
21.2 10．デンマーク
21.2 11．エストニア
21.2 12．イスラエル
20.8 13．ラトビア
20.8 14．オーストリア
20.3 15．チェコ
20.0 16．韓国
19.7 17．オランダ
19.4 18．ポーランド
19.2 19．ノルウェー
18.4 20．ルクセンブルク
18.1 21．スロベニア
17.9 22．イタリア
17.9 23．米国
17.7 24．スイス
17.4 25．スペイン
17.2 26．オーストラリア
16.9 27．英国
16.7 28．ドイツ
13.8 29．日本
13.2 30．アイルランド
0 20 40
（%）
租税収入
（対GDP比）
49.1 1．デンマーク
34.9 2．アイスランド
32.7 3．スウェーデン
31.2 4．フィンランド
30.7 5．ベルギー
30.5 6．イタリア
28.9 7．ノルウェー
28.7 8．フランス
28.2 9．オーストリア
27.6 10．オーストラリア
27.1 11．ルクセンブルク
26.1 12．英国
25.9 13．イスラエル
25.5 14．ハンガリー
25.4 15．ギリシャ
25.3 16．ポルトガル
23.7 17．アイルランド
22.7 18．オランダ
22.6 19．ドイツ
22.6 20．スペイン
22.1 21．スロベニア
21.7 22．エストニア
20.4 23．ラトビア
20.3 24．スイス
19.9 25．ポーランド
19.7 26．米国
18.6 27．チェコ
18.3 28．日本
18.0 29．韓国
17.8 30．スロバキア
0 20 40 60
（%）

（出所）　財務省パンフレット（2017）14頁（http://www.mof.go.jp/budget/fiscal_condition/related_data/201704_00_kanryaku.pdf）

現在の租税制度や社会保障制度は、第二次世界大戦後の復興期にその基本的な仕組みが形成されました。この時期は人口が大きく増加し、国民の所得も増加している時期でした。勤労世代が人口の大部分を占めていた時期に形成された税制や社会保障制度により、勤労世代がより大きな負担を担って社会を支えてきました。当時はまだ高齢者の数はそれほど多くはなかったため、必要な社会保障の費用も小さく、多数の勤労世代人口と年々増加する所得によって年金、医療などの社会保障費をまかなっていくのは比較的容易でした。

勤労世代（二〇～六四歳）に対する高齢者世代（六五歳以上）の割合は、一九五〇年（昭和二五年）には一〇・〇対一、二〇一〇年（平成二二年）には二・六対一となり、二〇六〇年には一・二対一となると見込まれています（注6）。計算上、かつては勤労世代一〇人で一人の高齢者を支えていましたが、二〇六〇年には勤労世代一・二人で一人の高齢者を支えることになります。多くの人が長生きできることは望ましいことですが、一方で、それを支える社会や財政の仕組みを考えていかなければなりません。

税だけで高齢社会における財政を支えていくのは困難です。現在、所得税、法人税、消費税が税収の中心である基幹税となっています。所得税は主として働いている人がより多くの負担を負っている税です。勤労世代が減少していく社会では所得税に過度に依存することは期待できません。法人税は、世界的な税率引下げの潮流のもとで、諸外国との競争の観点から、日本だけが高い税率を維持することは困難になってきています。消費税は、諸外国と比べると日本の税率水準は低いほうですが、消費税負担は国民の生活に直結するものであるため、税率のさらなる引上げは国民的議論が必要であり、社会保障を含む政策財源を十分に確保するためとしても大幅な税率引上げは困難でしょう。高齢社会をどのように支えていくかは、税制だけではなく、社会保障のあり方、歳出の効率化などをトータルで考えていくべき課題です。

（注1）一人の女性が一生に産む子どもの平均数。
（注2）厚生労働省「人口動態統計」。
（注3）国立社会保障・人口問題研究所「出生動向基本調査」。
（注4）総務省国勢調査。
（注5）内閣府（二〇一七a）図1－1－4。
（注6）内閣府（二〇一二）図1－1－6（http://www8.cao.go.jp/kourei/whitepaper/w-2012/zenbun/pdf/1s1s_2.pdf）

2 経済成長率の低下

第二次世界大戦後の高度経済成長は、人口増加によって大きく促進されました。人口増加に伴って消費需要が高まり、その消費需要をまかなうために設備投資が拡大し、生産が大きく増加しました。生産が需要の増加に追いつかないような状況が続きました。人口増加を背景とした大量消費と大量生産が、高い経済成長をもたらしました。大量生産は沿海部を中心に各地に形成された工業地帯で行われ、地方から工業地帯に多くの人が移動し、それらの人々が結婚して世帯をもち、住宅、家具、家電製品、自動車などさまざまなモノを購入しました。消費の増大が生産の拡大につながる好循環が生まれたのです。

一九七〇年代の二度のオイルショック以後、経済成長率は徐々に鈍化し、バブル経済が崩壊した後の一九九〇年代以降は低成長の時代になっていきます。実質経済成長率の推移をみると、一九六五（昭和四〇）～一九七三年度（昭和四八年度）の平均は八・九％でしたが、一九九一年（平成三年）以降は一％前後に、二〇〇六（平成一八）～二〇一二年度（平成二四年度）は〇・二％となりました（注）。

今後、国をあげて経済成長を目指していっても、人口減少のもとでかつてのような高成長は望めないでしょう。低成長下における社会のあり方、財政運営、税制を考えていかなければなりません。必要な歳入を確保すると同時に成長を促進させる税制も必要です。成長促進のためには、研究開発に対する特別措置などの政策税制があり、諸外国にもさまざまなインセンティブ税制があります。課税の公平性との比較や特別措置の効果を検証しつつ、税制を活用して経済成長を促進させることを考えていくべきでしょう。その際、特定の業種に偏らず、広い産業において成長を牽引するような分野を後押ししていく税制が望まれます。

（注）岩瀬（二〇一三）四頁（https://www.mof.go.jp/pri/summary/kouen/kou021.pdf）

3 格差の拡大

フランスの経済学者であるトマ・ピケティ氏の「21世紀の資本」がベストセラーになるなど、格差拡大は世界各国において注視されています。同書のなかでピケティ氏は、資本の収益率は経済成長率よりも高いため、資本を多く保有する富裕層はより豊かになり格差は拡大していくという論理を展開し、世界の多くの国で格差が拡大していることを実証しています。日本においても、若年層を中心に非正規雇用者の増加などを背景として格差が拡大してきています。また、図表2－4のように、高齢世帯は若年世帯に比べて比較的多くの資産を保有しており、高齢層と若年層との資産格差も拡大してきています。グラフでは一九九四（平成六）～二〇〇九年（平成二一年）にかけて二五～三四歳、三五～四四歳、四五～五四歳の勤労世代の平均純資産が減少していることもみてとれます。高齢者は比較的多額の純資産を保有していますが、高齢者間でも大きな格差があります。

資本主義のもとでは格差が生じることはやむをえませんが、大切なのは努力が正当に報われるように競争が公正に行われることです。そして、競争に負けた場合でもセーフ

図表２－４　年齢階級別平均純資産の比較（1994年→2009年）

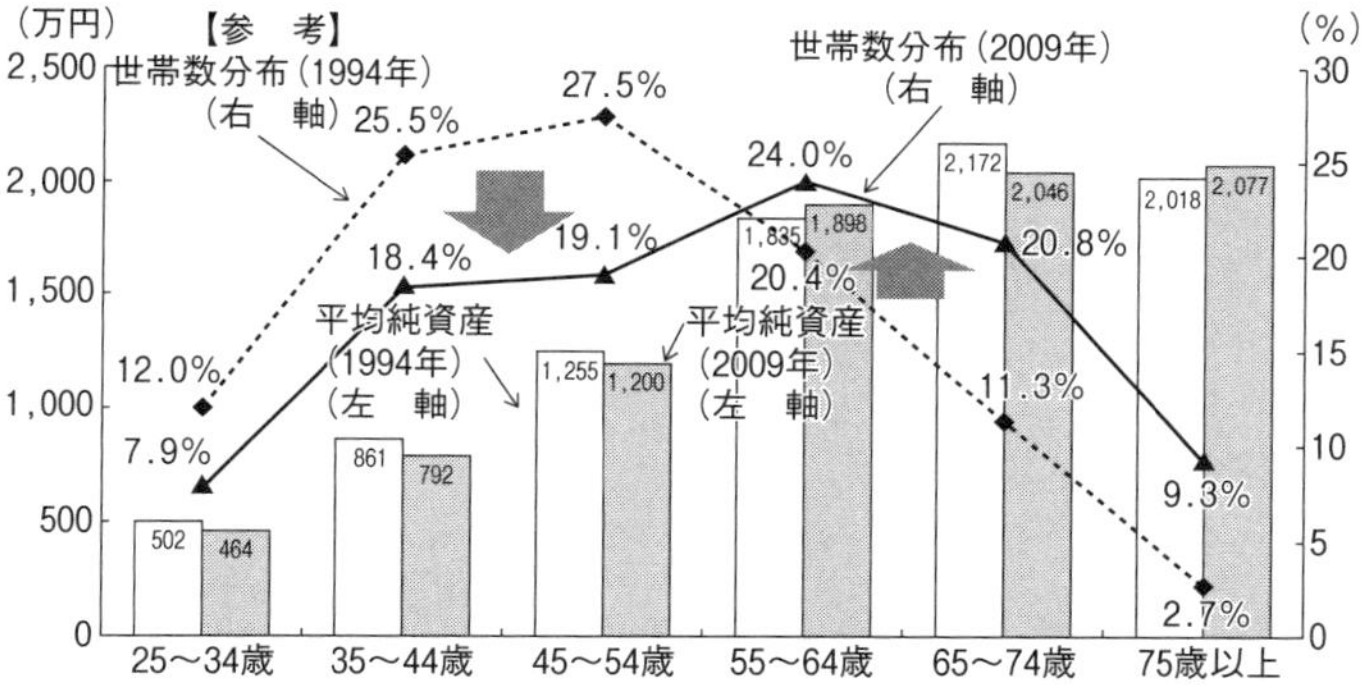
（万円）
【参　考】
（%）
世帯数分布（1994年）
（右　軸）
世帯数分布（2009年）
（右　軸）
平均純資産
（1994年）
（左　軸）
平均純資産
（2009年）
（左　軸）
2,500
2,000
1,500
1,000
500
0
30
25
20
15
10
5
0
12.0%
7.9%
25.5%
18.4%
27.5%
19.1%
24.0%
20.4%
20.8%
11.3%
9.3%
2.7%
502
464
861
792
1,255
1,200
1,835
1,898
2,172
2,046
2,018
2,077
25～34歳
35～44歳
45～54歳
55～64歳
65～74歳
75歳以上

（出所）　総務省統計局「全国消費実態調査」（二人以上の世帯）
（注）「純資産」は、貯蓄現在高から負債現在高（住宅・土地のための負債を除く）を控除したもの。
（出所）　税制調査会（2015年10月27日）財務省説明資料［総25-１］11頁

ティーネットが備えられ、再度チャレンジできる社会でなければなりません。

格差が固定化しないことも重要です。低所得の世帯の子でも高い水準の教育が受けられる仕組み、努力すれば豊かになれる仕組みをもつ社会が望ましいのです。そのためには、低所得者への再分配やセーフティーネットの構築が大切であり、その負担は社会全体で広く公平にまかなわれるべきです。

格差問題に対して、税制は所得再分配を通じた是正機能を有しています。しかし、一九八七年（昭和六二年）以降、所得税の最高税率を含む税率の引下げや各種所得控除の拡充など、累次の減税により負担軽減

図表2－5　所得再分配による所得格差改善度の推移

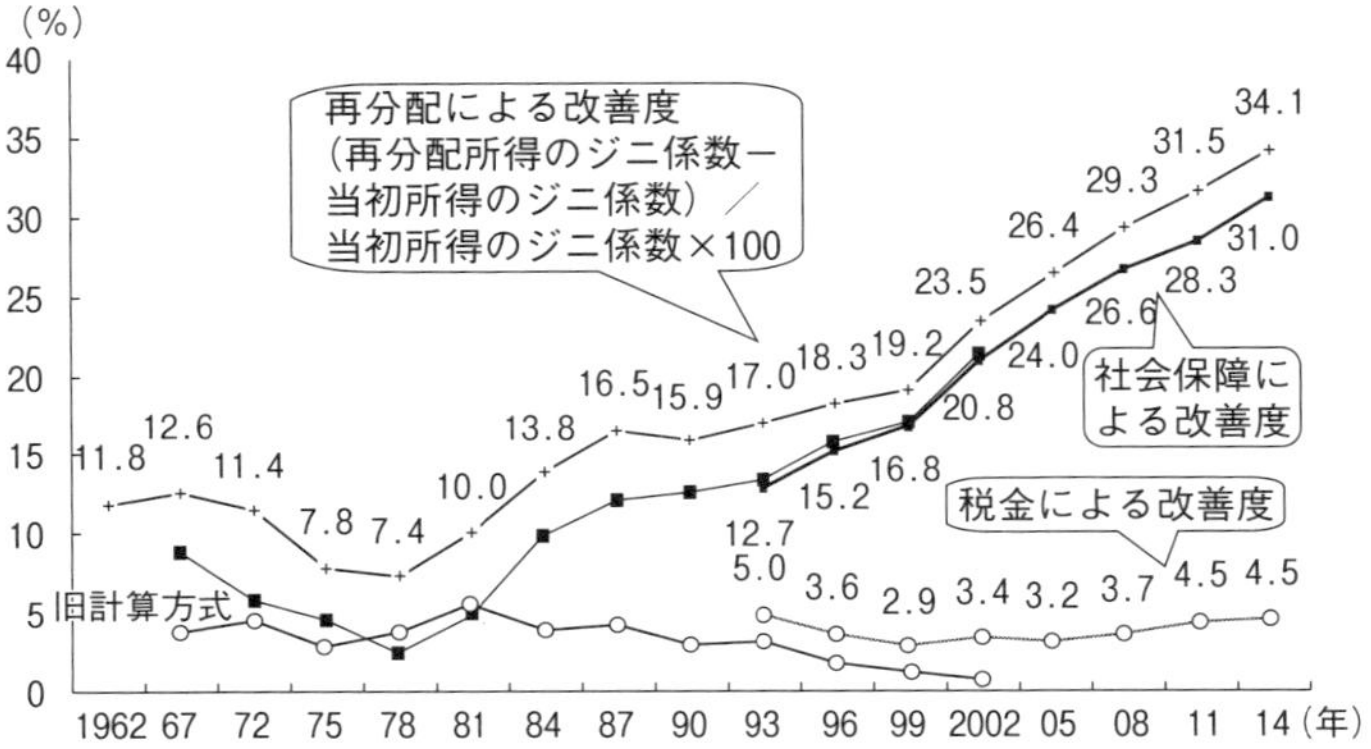

（%）
40
35
30
25
20
15
10
5
0
再分配による改善度
（再分配所得のジニ係数－当初所得のジニ係数）／当初所得のジニ係数×100
11.8
12.6
11.4
7.8
7.4
10.0
13.8
16.5
15.9
17.0
18.3
19.2
23.5
26.4
29.3
31.5
34.1
31.0
28.3
26.6
24.0
20.8
16.8
15.2
12.7
社会保障による改善度
税金による改善度
5.0
3.6
2.9
3.4
3.2
3.7
4.5
4.5
旧計算方式
1962
67
72
75
78
81
84
87
90
93
96
99
2002
05
08
11
14（年）

（出所）　原資料は厚生労働省「所得再分配調査」（1972年以降3年に1回実施）。グラフは社会実情データ図録（http://www2.ttcn.ne.jp/honkawa/4667.html）

が図られてきた結果、図表2－5に表れているように、税金による所得再分配機能は社会保障による改善度に比べて限定されたものとなっています。二〇一四年（平成二六年）の数値をみると、所得再分配による所得格差改善度は、社会保障によるものが三一・〇％であるのに対し、税金によるものは四・五％にすぎません。

消費税率は、二〇一四年に五％から八％へ引き上げられ、二〇一九年（平成三一年）一〇月には一〇％へ引き上げられる予定です。消費税は、勤労世代だけでなく、収入のない子どもや高齢者であっても消費する際に税を負担するものです。この税率引上げは、勤労者だけで社会の負担をまかなうことがむずかしくなってきたために、社会全体で負担を分かち合うという見方もできます。一方で、消費税は低所得者により過重な負担をかける逆進性を有していますので、その是正・緩和も考えなければなりません。

消費税率の一〇%への引上げのタイミングで、食料品などに対する軽減税率が導入されますが、軽減税率による消費税の逆進性是正の効果は十分とはいえません。消費税率の引上げでは、引上げ分の税収は社会保障や子育て支援に使われることになっていますが、逆進性の是正や格差是正には、税制だけでなく、社会保障も含めて、高所得者には負担面でのあり方、低所得者には給付面のあり方を考え、負担・給付の全体を通じて是正していく必要があります。

4 グローバル化の進展

一九八九年に米ソ冷戦が終焉した後、一九九〇年代から資本が自由に国境を越えて動き出して、急速に経済のグローバル化が進展しました。多国籍企業がグローバルにビジネスを展開し、それ以前から始まっていた貿易の拡大に加えて、直接投資が増大していきました。

二〇〇〇年代には、情報通信技術の進展を追い風としてグローバル化はさらに進みます。日本企業の海外進出は年々増加しています。経済産業省の海外事業活動基本調査によると、日本企業の海外現地法人数は、二〇〇四年度には一万三九九六社でしたが、二〇一五年度には二万五二三三社と一・八倍となり、なかでも中国を含むアジア諸国への進出件数の割合が六六・七%を占めています（注）。

こうしたグローバル化の進展に対して、近年、税制上も公平な課税の観点からさまざまな対応が図られてきています。国外送金調書、国外財産報告制度および出国時課税制度の創設、タックスヘイブン対策税制の改正、移転価格税制における文書化、国境を越えた役務提供に係る消費税の改正、各国税務当局間の自動的情報交換制度の拡充などが行われてきました。さらに、ＢＥＰＳ（税源浸食と利益移転）に関連する、世界各国が協調して検討している課題もあります。ＢＥＰＳについては第3章7で後述します。

今後、日本の人口は減少していきます。しかし世界の人口、特に日本とつながりの深いアジアの人口はこれからも増加していき、経済成長も見込まれます。世界との共存、特に日本との関係が密接なアジアとの共存を図ると同時に、税制面や税務執行面でのグローバル化への対応も重要になっていきます。

（注）経済産業省「第四六回　海外事業活動基本調査概要」。

5 情報通信技術の発達

一九八五年（昭和六〇年）の通信自由化以降、日本の情報通信技術（ＩＣＴ）は、電話の時代（一九八五（昭和六〇）～一九九五年（平成七年））からインターネットと携帯電話の時代（一九九五（平成七）～二〇〇五年（平成一七年））、そしてブロードバンドとスマートフォンの時代（二〇〇五年（平成一七年）以降）へと推移しています。この間の三〇年で、ＩＣＴ産業の市場規模は約二・四倍に拡大し、ＩＣＴ産業は日本の経済成長にも貢献してきました。ＩＣＴの発達は経済取引を多様化させます。インターネット・ショッピング、デジタル・コンテンツの電子的配信、ＩｏＴ（Internet of Things：モノのインターネット）などが代表例です（注1）。

さらに、現在第四次産業革命が進行中です。二〇一六年一月にスイスのダボスで開催されたダボス会議では、主要テーマとして「第四次産業革命の理解」が議論されました。ダボス会議では、これまでの産業革命と第四次産業革命を概要として次のように定義しています（注2）。

図表２－６　民泊仲介事業のイメージ

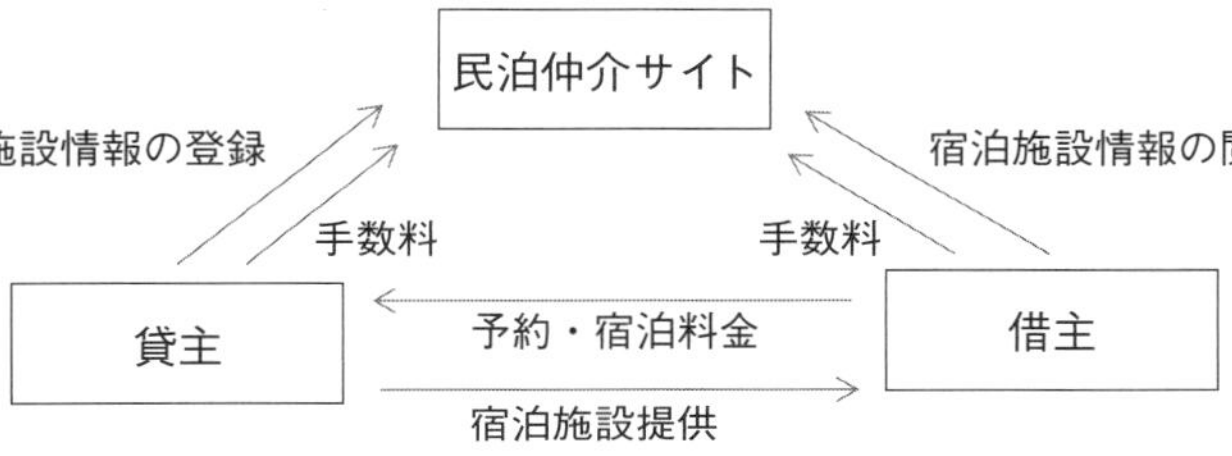
民泊仲介サイト
宿泊施設情報の登録
宿泊施設情報の閲覧
手数料
手数料
貸主
予約・宿泊料金
借主
宿泊施設提供

第一次産業革命では、家畜に頼っていた労力を機械で実現した。第二次産業革命では、内燃機関や電力で大量生産が可能となった。第三次産業革命では、コンピュータの登場でデジタルな世界が開き、生産の自動化・効率化が進展した。第四次産業革命は、様々な側面を持ち、その一つがデジタルな世界と物理的な世界と人間が融合する環境である。

ＩＣＴの発達による商取引の多様化の一例として、シェアリング・エコノミーがあります。シェアリング・エコノミーは、個人等が有する資産の貸出を仲介するサービスで、貸主は使用していない資産を有効に活用でき、借主は資産を所有することなく利用できるという利点があります。一例として民泊仲介事業があります。これは、インターネット上のプラットフォームによって、保有する空き部屋などの宿泊施設の貸借を仲介するものです。

民泊仲介のほかにも、多様な分野でシェアリング・サービスが行われています。海外での事例を含めると、モノのシェアでは車や衣服など、場所のシェアでは民泊以外にも駐車場や会議室など、移動手段では車や自転車の貸借など、サービスでは育児代行やペットのシッター、家事代行や日曜大工の作業など多様なサービスの仲介が行われています。こうしたＩＣＴの発達による商取引の多様化は税務に多くの課題を投げかけます。たとえば、インターネット上のプラットフォームの運営者が国外にいる場合に、仲介に対する手数料はどの国で課税を受けるべきかといった問題です。この点については第3章7で後述します。

ＩＣＴの発達が税務に課題を投げかける一方で、税務にＩＣＴを活用していく余地もおおいにあります。ＩＣＴを活用した納税環境整備の一つとしてｅ-Ｔａｘ（電子申告）があります。ｅ-Ｔａｘを利用することにより、納税者は税務署に赴くことなくデータ送信によって申告でき、納税についても、税務署や金融機関の窓口に赴くことなく、オンラインで納付を行うことが可能となっています。国税庁は二〇一七年（平成二九年）六月に「税務行政の将来像～スマート化を目指して～」を公表し、ＡＩ（人工知能）技術等を取り入れながら、ＩＣＴの活用による納税者の利便性の向上と事務運営の最適化を図る将来像を示しています（注3）。

税務手続の電子化は、税務のみに限らず、各種の仕組みの情報化とも関連しています。

一例として、ＸＢＲＬ（eXtensible Business Reporting Language）を利用して企業の財務諸表情報を効率的に活用する仕組みが広がってきています。ＸＢＲＬとは財務情報を共有するための言語ともいえるもので、データを伝達する際のコンピュータ言語の標準規約のことです。ｅ-Ｔａｘによる法人税の申告には財務諸表の提出が必要であり、ＸＢＲＬ形式で添付することが可能となっています。さらに、税務以外のさまざまな分野でもＸＢＲＬによるデータを活用していく基盤が整ってきています。ＥＤＩＮＥＴ（有価証券報告書等の電子開示システム）やＴＤｎｅｔ（上場会社の適時開示情報閲覧サービス）での活用のほか、銀行の融資審査等の際に同一のデータファイルでの提出が可能となるなど、社会でデータを共通に活用していく仕組みが広がってきています。また諸外国においてもさまざまな分野で活用されるようになっています。ＸＢＲＬは多様な言語に対応しており、多国籍企業の企業情報の処理の効率化や国をまたいだ企業情報の比較分析にも役立つものです。

ＸＢＲＬが財務データの標準として普及し、企業が作成する内部管理用から外部提出用までの一連の財務データを加工することなく、財務情報の開示や税務申告などに利用していけば、社会のＩＣＴ化に伴うデータ作成・変換の負担を軽減することにつながります。

財務情報の標準化によって、企業財務情報のサプライチェーンが構築され、一連の情報処理がより効率化されていくことが期待されます。

(注1) ＩＣＴの推移について総務省（二〇一五）第一章を参考とした。
(注2) 総務省（二〇一七）第三章。
(注3) 国税庁ウェブサイト（https://www.nta.go.jp/kohyo/press/press/2017/syouraizou/pdf/smart.pdf）。

6 国の借金の増加

(1) 累増する日本の公債残高

図表2－7をみると、国の歳入は九七・五兆円で、そのうち五九・二％は所得税、消費税、法人税などの租税および印紙収入でまかなわれ、三五・三％は国の借金である公債金に依存しています（注1）。

歳入の三分の一以上を公債金に依存している結果、図表2－8にあるように国の公債残高は年々増加傾向で八六五兆円（二〇一七年度（平成二九年度）末見込み）となっています。この債務残高は、一般会計税収の約一五年分に相当します。

この多額の債務残高について、持続可能なのかという懸念も生じています。持続可能性に関する見方は両面あります。債務残高がこのまま増加していくと債券市場から債務不履行の懸念をつきつけられかねないという見方がある一方、国内での借入れが多く対外債務が少ないためギリシャ危機のようなことにはならないという見方もあります。

図表２－７　一般会計歳入

（単位：億円）

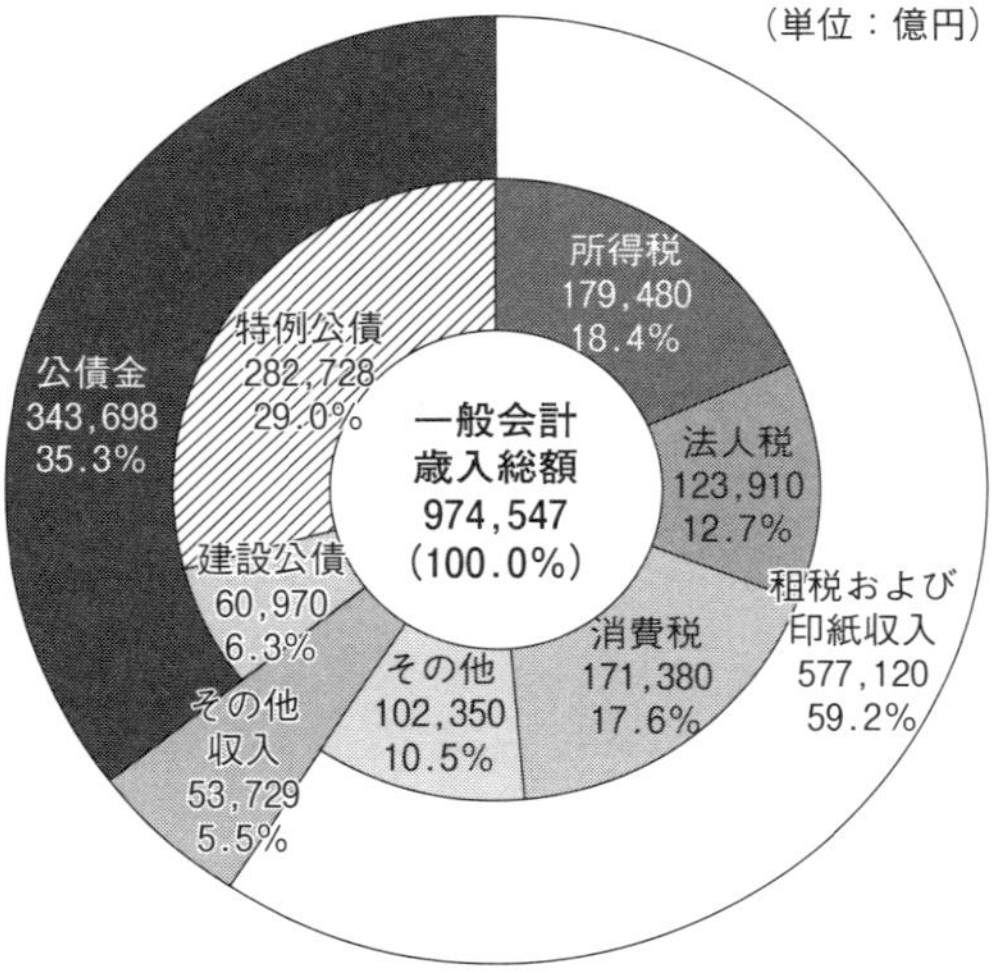
一般会計
歳入総額
974,547
（100.0%）
所得税
179,480
18.4%
法人税
123,910
12.7%
消費税
171,380
17.6%
その他
102,350
10.5%
租税および
印紙収入
577,120
59.2%
特例公債
282,728
29.0%
建設公債
60,970
6.3%
公債金
343,698
35.3%
その他
収入
53,729
5.5%

多額の債務残高は、国民の受益が負担を大きく上回り、歳出が歳入を大きく上回ってきた結果です。行財政改革による歳出抑制や社会保障の効率化など、取り組むべき課題はたくさんあります。歳入レベルを勘案しつつ、それに見合った歳出としていくべきでしょう。ただ、公債発行がすべてよくないということではありません。公共事業などで将来にわたって便益が及ぶ支出は四条公債（財政法第四条に基づくいわゆる「建設公債」）により将来世代を含めて負担していくことが認められていますが、毎年、公共事業に使途を制限されない特例公債（いわゆる「赤字公債」）が発行されています。特例公債の発行は法律で禁止されていますが、真に必要なものに限り、一年限りの公債特例法を制定のうえ例外的に発行され、一般事業の用途に充てられています。図表2－8にあるように、この特例公債残高が増加してきており、四条公債残高を大きく上回っています。特例公債は例外であり、真に必要なものに限って発行するという原則に戻していく努力をしていかなければなりません。

いずれにしても、将来にツケを残さないように、財政健全化の道筋をつける必要があります。それには、プライマリーバランスをプラスにすることがまず第一歩です。プライマリーバランスは基礎的財政収支といい、国の歳入から国債収入を除いた金額と、国の歳出から国債の利払いと償還費を除いた金額の差額です。

財政の健全化の道筋をつけることは容易ではありません。高度成長期に税収が右肩上がりとなっていた時代の予算配分は、成長に伴う自然増収分を各歳出項目や減税政策に割り振るというプラスの配分だったため、比較的容易だったといえます。しかし今後、かつてのような高い経済成長によって税収が大きく増加することは期待できない一方で、社会保障費などの歳出増加が見込まれる状況のなか、各歳出項目の必要性について精査していくことが求められます。歳出を削減するだけでは財政再建を達成することは困難であり、経

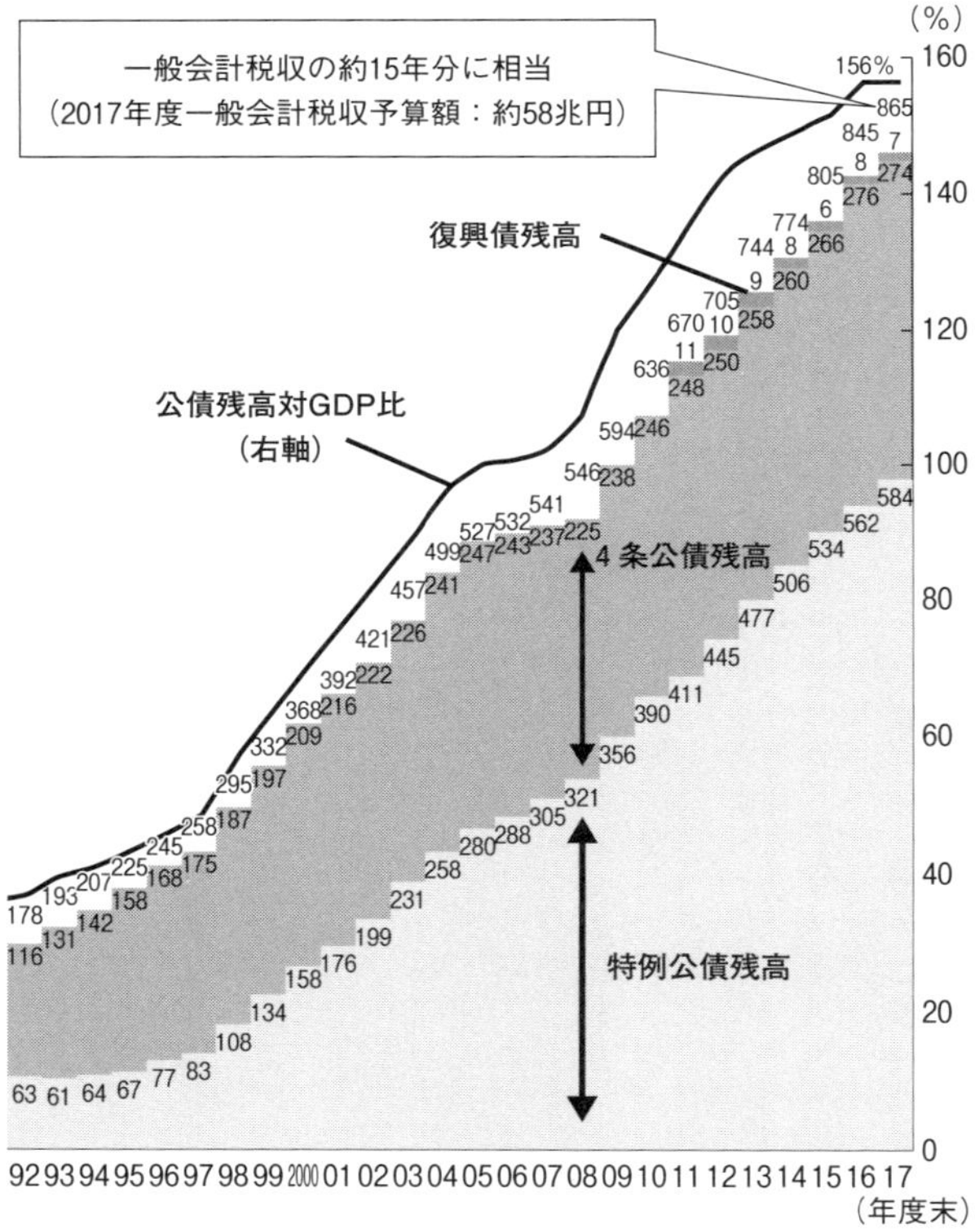
一般会計税収の約15年分に相当
（2017年度一般会計税収予算額：約58兆円）
156%
865
復興債残高
公債残高対GDP比
（右軸）
4 条公債残高
特例公債残高
（%）
160
140
120
100
80
60
40
20
0
92 93 94 95 96 97 98 99 2000 01 02 03 04 05 06 07 08 09 10 11 12 13 14 15 16 17
（年度末）
178 193 207 225 245 258 295 332 368 392 421 457 499 527 532 541 546 594 636 670 705 744 774 805 845
116 131 142 158 168 175 187 197 209 216 222 226 241 247 243 237 225 238 246 248 250 258 260 266 276 274
63 61 64 67 77 83 108 134 158 176 199 231 258 280 288 305 321 356 390 411 445 477 506 534 562 584
11 10 9 8 6 8 7

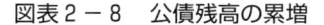

図表２－８　公債残高の累増

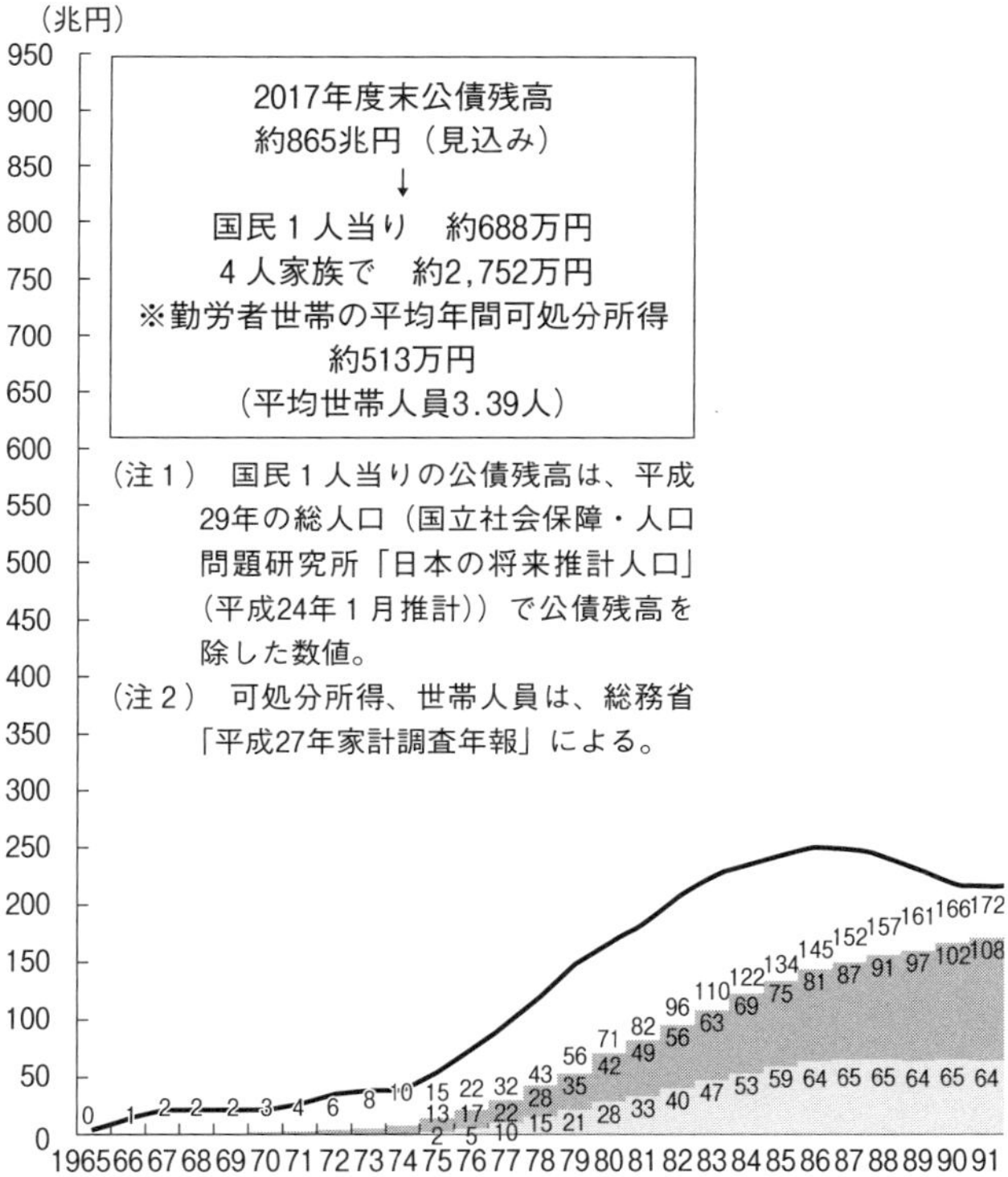
（兆円）
950
900
850
800
750
700
650
600
550
500
450
400
350
300
250
200
150
100
50
0
2017年度末公債残高
約865兆円（見込み）
↓
国民１人当り　約688万円
４人家族で　約2,752万円
※勤労者世帯の平均年間可処分所得
約513万円
（平均世帯人員3.39人）
（注１）国民１人当りの公債残高は、平成29年の総人口（国立社会保障・人口問題研究所「日本の将来推計人口」（平成24年１月推計））で公債残高を除した数値。
（注２）可処分所得、世帯人員は、総務省「平成27年家計調査年報」による。
0 1 2 2 2 3 4 6 8 10 15 22 32 43 56 71 82 96 110 122 134 145 152 157 161 166 172
13 17 22 28 35 42 49 56 63 69 75 81 87 91 97 102 108
2 5 10 15 21 28 33 40 47 53 59 64 65 65 64 65 64
1965 66 67 68 69 70 71 72 73 74 75 76 77 78 79 80 81 82 83 84 85 86 87 88 89 90 91

（出所）財務省ウェブサイト（http://www.mof.go.jp/tax_policy/summary/condition/004.gif）

図表2－9　歳出構造の変化

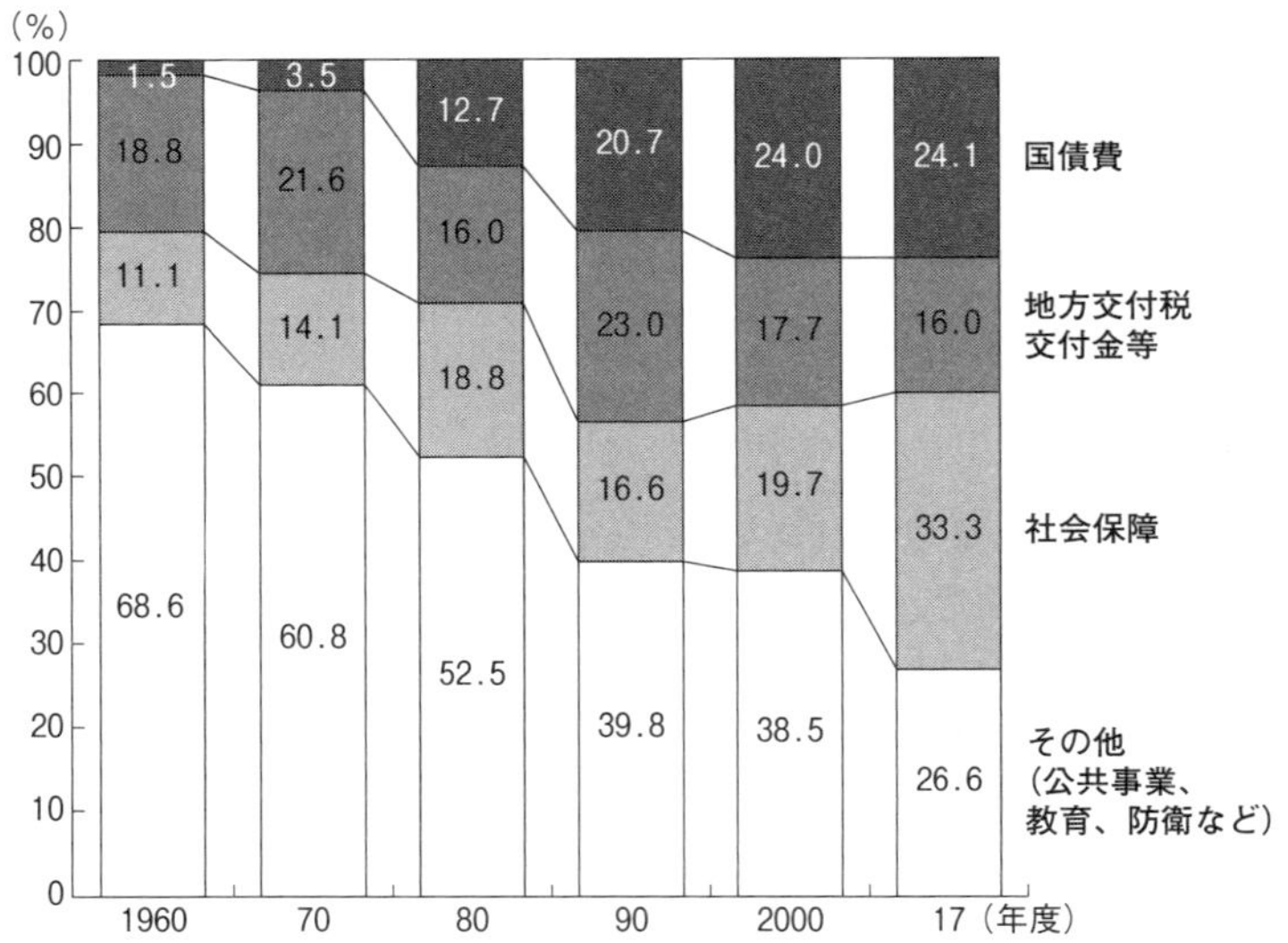
(%)
100
90
80
70
60
50
40
30
20
10
0
1.5
18.8
11.1
68.6
3.5
21.6
14.1
60.8
12.7
16.0
18.8
52.5
20.7
23.0
16.6
39.8
24.0
17.7
19.7
38.5
24.1
16.0
33.3
26.6
国債費
地方交付税
交付金等
社会保障
その他
(公共事業、
教育、防衛など)
1960
70
80
90
2000
17
(年度)

（出所）　財務省パンフレット（2017）6頁

済成長のための歳出や、教育などの人材への投資による未来への必要投資といった観点も必要でしょう。歳出をどのような分野に向けていくかという選択がより重要になっていきます。

　財政を再建することが最終目的ではありません。財政再建の目的は、国の債務を減少させることにより、国の歳出を無駄なくより必要なものに活用していくことです。国の債務が多いと、国債の利払いや償還に多くの歳出が充てられてしまいます。

　図表2－9にあるように、国の

歳出構造は、歳出のうち二四・一％が国債費（国債の利払いと元本償還費）となっています。一九七〇年度（昭和四五年度）にはその割合は三・五％でしたが、その後上昇してきました。近年は、社会保障費の割合が増加しています。国債費と社会保障費の割合が大きく増加している一方で、公共事業、教育、防衛などの政策的経費の割合は、一九七〇年度（昭和四五年度）には六〇・八％でしたが、二〇一七年度（平成二九年度）には二六・六％と大きく低下してきています。歳出を子育て、福祉、教育などの必要な分野により多く配分していくためにも財政再建は不可欠です。

財政再建を増税のみで達成することは困難です。歳出の抑制と税制の見直しによる財政健全化に向けた歳出・歳入両面からの取組みを進めていかなければなりません。財源の確保とあわせて、給付と負担のバランスをどのように確保していくかが重要な課題となります。同時に経済成長も必要です。一九九〇年代にアメリカ、カナダ、スウェーデンは財政再建を果たしましたが、財政再建には経済成長が伴っていました。以下では財政再建を果たしたアメリカ、カナダ、スウェーデンの例をみていきます（注2）。

（注1）二〇一七年度予算。財務省ウェブサイト（http://www.mof.go.jp/tax_policy/summary/condition/002.pdf）。

（注2） 各国の財政再建例について内閣府（二〇一四）、翁（二〇一二）参照。

(2) 諸外国における財政再建への取組み

アメリカ

一九九〇年代初頭のアメリカは、一九八〇年代の減税や軍事支出の拡大などにより、財政収支と経常収支の巨額の赤字（双子の赤字）を抱えていました。一九九〇年代には、冷戦の終結による国防費削減やメディケア（高齢者向け医療制度）およびメディケイド（低所得者向け医療制度）の削減など歳出の削減を図るとともに、個人所得税、法人税、遺産税、自動車燃料税、たばこ税、社会保障税の税率を引き上げる増税を行いました。一方、一九九〇年には、裁量的経費について歳出に上限を設ける「キャップ制」を設けたり、義務的経費について新たな歳出増加を伴う政策を行う場合には、既存の政策の歳出削減を義務づける「ペイ・アズ・ユー・ゴー原則」を導入するなど、財政再建に向けての強い意志をもって取り組みました。

その結果、一九九八～二〇〇一年度には財政黒字に転じました。アメリカが一九九〇年代に財政再建を実現できたのは、冷戦終結による国防費の減少（いわゆる「平和の配当」）や、ＩＣＴによる生産性上昇からくる経済成長、景気回復に伴う自然増収といった要素も追い風となったおかげでもありました。

なお、その後のアメリカは財政規律が緩み、二〇〇二年度以降は、再び財政赤字に陥りました。特に二〇〇八年のリーマンショック以後は税収の落込みと積極的な財政政策による歳出増加を原因に財政赤字は急速に拡大したことから、政府はプライマリー・バランス（基礎的財政収支）の均衡を目標に掲げて財政再建に取り組んでいます。

カナダ

カナダでは、一九九二年には財政赤字がＧＤＰの九％に達していました。一九九三年以降、財政赤字をＧＤＰの三％以内とする目標を設定し、歳出削減を中心とする財政改革を推進しました。その結果、一九九七年に財政黒字を達成しました。当時の政権が、国民との対話を行いつつ、歳出削減と増税の必要性を訴え、国民の理解を得ながら、強い意志をもって財政再建に取り組んだ結果です。

スウェーデン

スウェーデンでは、一九九〇年代初頭の金融危機により財政が悪化し、一九九三年の財政赤字はＧＤＰの一一％に達しました。政府は、現役世代の社会保障給付を削減するなどの歳出削減と増税により財政再建を図りました。その後、為替の大幅な減価による輸出増加やＩＣＴによる企業の生産性向上による経済回復のなかで財政再建を推進し、一九九八年には財政黒字に転じました。スウェーデンの財政再建も経済成長を背景として実現できたといえます。

(3) 経済成長なくして財政再建なし

このように諸外国で成功した財政再建には経済成長が伴っていました。裏返していえば経済成長と両立させていかないと財政再建はむずかしいといえます。日本においても人口減少、高齢化、低成長時代での税制や社会保障のあり方を、経済成長の推進策とセットで考えていく必要があります。その際、無駄な歳出の削減はもちろん必要ですが、財政再建を急ぐあまり経済成長を阻害することのないように配意しつつ進めていくことが肝要です。

内閣府（二〇一三）は二〇〇八年のリーマンショック後の各国における財政健全化の動きについて分析しており、以下のような点を示しています（注）。

・ＯＥＣＤ諸国における二〇一〇〜二〇一二年にかけての財政再建の取組について、日本を除く多くの国で財政健全化が進展している。

・イギリス、フランス、ドイツ、アメリカでは財政収支を改善させる中で実質ＧＤＰも増加した。

・こうした事例から、財政の健全化と経済成長を両立させることは可能と考えられる。

財政再建の道筋をつけて安定した社会保障制度により将来の不安が払拭されれば、消費の増加にもつながり、経済も成長する好循環となっていくことも期待できます。

財政再建は将来世代へ負担を先送りしないという意味合いのみでなく、現役世代にとっても、予算の効果的な使用という意義があります。歳出に占める国債費の割合が大きくなっている現状を変えていかなければ、教育や社会保障などの費用が十分に確保できないためです。

（注）内閣府（二〇一三）一四一頁。

第3章

今後の各税制の課題

1 いま重視すべきは「中立」か「活力」か

税制改革は、必要な公的支出の財源確保だけではなく、時代の変化や社会・経済の構造変化に対応して、社会における負担のあり方を変え、公平で活力ある社会づくりのために行うものです。人口減少、少子化、高齢化、経済取引のグローバル化、ＩＣＴ化、働き方の多様化、環境問題への対処など、日本の社会構造が変化しているなか、取り組むべき課題は多様化しています。税は担税力を考慮して負担を求めていくものですので、時代ごとに経済の主要な担い手が変化し、担税力を有するセクターが変遷し、税制もそれにあわせて変容してきています。少子化や高齢化は受益と負担のバランスを悪化させるため、社会保障の給付水準を勘案しつつ、税と社会保険料をあわせた国民負担率の水準を考えていかなければなりません。

税制を構築していくうえで、「公平」「中立」「簡素」という基本原則があります。これらに加えて「活力」といった観点が加えられることもあります。「公平」の原則は、税負担が担税力に応じて適正に配分されるべきというもので、水平的公平と垂直的公平とがあります。水平的公平とは、同等の経済力をもつ人々は負担も同等であるべきというもので、垂直的公平とは、より大きな経済力をもつ人はより多く負担すべきというものです。近年は世代間の公平といった観点も重視されるようになっています。「中立」の原則は、税制が経済活動における個人や法人の選択をゆがめないようにするものです。「簡素」の原則は、税制をできるだけ簡素でわかりやすいものにし、納税者の事務負担や納税コストを最小化するというものです。「活力」は、税制を政策的に活用して、経済をよりいっそう活性化させていこうというものです。

さらに税制を再構築していくうえでは、国際的な整合性の観点も必要です。経済取引がグローバル化しているなか、税制に国際的な視点が求められる局面が増加しています。たとえば、企業はグローバル・マーケットで他国の企業と競争しており、重い税負担は競争上不利になるということもあり、近年日本を含め各国の法人税率は引き下げられてきています。

これらの原則は、すべてが同時に満たされるとは限らず、一つの原則を重視すると他の原則が損なわれることもあります。たとえば、活力を重視した結果、中立性が損なわれることがあります。「中立」か「活力」か、どちらを重視するかは時代とともに変化します。

税の分類方法の一つとして、何に担税力を見出すかという観点からの分類があります。獲得した所得に着目する「所得課税」、消費行為に着目する「消費課税」、所有する資産に着目する「資産課税」という分類です。

所得課税は、所得を課税ベースとすることにより各納税者の担税力をより適正に反映できる長所があります。扶養控除などの各種控除により、個々人の状況をより丁寧に反映することができますし、累進税率の適用により公平性にも優れています。ただし、多様な源泉からの所得を測定するのがむずかしい面があったり、担税力についての見方が個々人により異なるため、税率水準について、さまざまな所得水準の人が存在するなか、すべての人から合意を得ることが困難な面もあります。

消費課税は、消費活動に対して広く薄く課税することにより、税によって経済活動が影響されないという課税の中立性に優れる長所があります。一方で、低所得者も高所得者も同じ税率で課税されるため、逆進性といった短所があります。

資産課税は、資産の取得、保有、移転のタイミングで課税するもので、公平性、富の再分配、富の集中の排除の観点から有効です。一方で、資産把握や資産評価の困難性といった性質を有しています。

このように所得課税、消費課税、資産課税にはそれぞれ長所と短所がありますので、三つのうちのいずれか一つを選択するのではなく、所得、資産、消費に対する課税のバランスのとれた組合せを選択していくことが肝要です。

課税のバランスは時代とともに変容します。勤労世代人口が減少していく今後の社会において、所得課税に偏った税制では必要な財源の確保や公平性の維持はむずかしくなっていくと思われます。所得は少ないけれども多額の資産をもっている人にも相応の負担をしてもらうといったことも考えなければならないでしょう。こうした時代には消費課税や資産課税の重要性が高まっていくでしょう。

図表３－１をみると、日本の税収構成比は、個人所得税三一・三％と法人所得課税二一・四％を合計すると所得課税が五二・七％、消費課税三二・七％、資産課税等一四・五％と所得課税が多くなっています。ほかの国と比較すると、付加価値税のないアメリカを除くと、日本は消費課税の割合が比較的低く所得課税の割合が高くなっています。所得課税の大部分は勤労による所得への課税ですので、税負担は勤労世代に偏っているといえます。

所得税を中心とした税体系は、戦後の高齢者が少ない時代に形成され、高度経済成長の

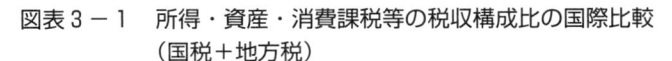

図表３－１　所得・資産・消費課税等の税収構成比の国際比較（国税＋地方税）

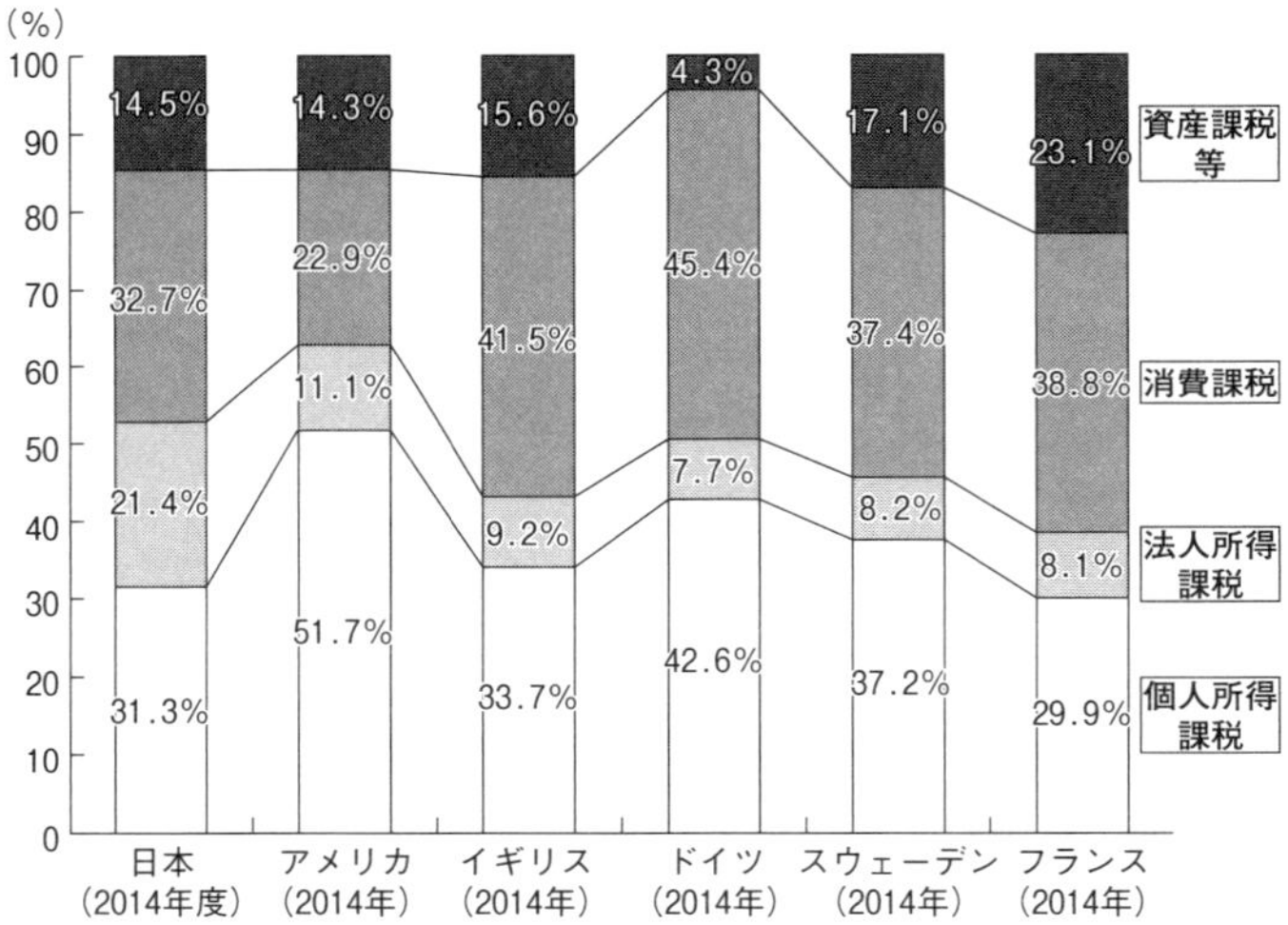
(%)
100
90
80
70
60
50
40
30
20
10
0
14.5%
32.7%
21.4%
31.3%
14.3%
22.9%
11.1%
51.7%
15.6%
41.5%
9.2%
33.7%
4.3%
45.4%
7.7%
42.6%
17.1%
37.4%
8.2%
37.2%
23.1%
38.8%
8.1%
29.9%
資産課税等
消費課税
法人所得課税
個人所得課税
日本（2014年度）
アメリカ（2014年）
イギリス（2014年）
ドイツ（2014年）
スウェーデン（2014年）
フランス（2014年）

（注１）日本は2014年度（平成26年度）実績、諸外国は、OECD "Revenue Statistics1965-2015" および同 "National Accounts" による。なお、日本の2017年度（平成29年度）予算における税収構成比は、個人所得課税：30.8%、法人所得課税：22.1%、消費課税：33.0%、資産課税等：14.1%となっている。

（注２）所得課税には資産性所得に対する課税を含む。

（注３）四捨五入の関係上、各項目の計数の和が合計値と一致しないことがある。

（出所）財務省ウェブサイト（http://www.mof.go.jp/tax_policy/summary/condition/016.pdf）

なかで定着してきました。シャウプ勧告は、所得課税を税制の中心に位置づけました。その後、経済成長や人口増加を背景に、個人所得や企業利益が増加するなかで、所得や利益に大きな担税力を求めてきたといえます。

しかし高齢化が進行していくと、総人口に占める勤労者の割合が低下し、所得税に過度に依存した税体系は維持困難になります。法人税については、国際的な企業競争のなか、国際水準と大きくかけ離れた高税率を維持することは困難でしょう。また、低い法人税率が対内直接投資を増加させるという実証分析もあり（注1）、投資促進の観点からも税率の引下げが志向されます。相続税などの資産課税については、社会における格差が拡大しているなか、富の再分配の観点から社会的政策としてその重要性は高まっていますが、相続税・贈与税の税収全体に占める割合は、二〇一五年（平成二七年）の相続税の基礎控除の引下げ後においても二・一％（二〇一七年度（平成二九年度）予算）であり、税収ポテンシャルとしては大きいものとはいえません。

日本の所得・消費課税の税収構成比をOECD各国と比べると、日本はOECD三五カ国中、税収に占める所得課税の割合は八位であるのに対し、消費課税は三〇位となっています（注2）。日本の消費税率は国際的にみると低い水準になっています。消費税率は二〇一四年（平成二六年）に五％から八％に引き上げられ、さらに二〇一九年（平成三一年）一〇月から一〇％に引き上げられる予定となっていますが、税収ポテンシャルがある税として残されている税目が消費税ということも、社会保障の財源不足を補うために税率が引き上げられてきた一つの理由といえます。

以下では、主要税目ごとに今後の課題を考えていきます。

（注1）佐藤（二〇一〇）参照。

（注2）二〇一四年の計数。財務省ウェブサイト（http://www.mof.go.jp/tax_policy/summary/condition/017.pdf）。

2 所得税

所得税には、個々人の税を負担する能力に応じて負担水準を調整できる長所があります。同じ水準の所得を得ていても、扶養する家族が多数いる人と、まったくいない人では、生活に要する費用の額が異なってきます。消費税ではこのような個々人の状況を勘案することはできませんが、所得税では、所得計算の仕組みのなかで個々人の状況を勘案して負担を調整することができます。

所得税には格差是正の効果をもたせることもできます。所得が高い人にはより高い税率で、所得が低い人にはより低い税率で課税することにより、税引後の所得格差を縮小することができます。多くの国において、所得税には累進税率が採用されており、社会における格差是正の効果を発揮しています。

しかし、日本の所得税の現状は、税率の引下げ、低税率が適用される所得範囲の拡大、各種控除の拡充などが行われてきた結果、税収調達機能が低下し、負担水準は諸外国と比べて低くなっています。

それに伴い累進税率がフラット化し、所得再分配の効果が低くなってきています。日本の所得税による所得再分配の効果は限定されたものとなっており、再分配による格差是正の大部分は社会保障による改善となっています。一九九〇年代以降、景気対策としての減税、消費税の税率引上げにともなう減税などにより所得税の負担水準が低下してきていることが所得再分配機能低下の要因です。近年格差の拡大が社会問題となっており、累進税率の構造や控除のあり方の見直しにより、所得税を活用した再分配機能の回復に努めていくべきと考えます。

再分配機能の回復というと、累進税率を高めたり、高い税率が適用される所得水準を低めることが考えられますが、所得水準に応じた各種の所得控除、給与所得控除、公的年金等控除などの見直しもあわせて考えていくべきです。

給与所得控除は給与所得者の概算経費的な性格をもつものですが、実際に要する関連経費と比べて過大なものとなっており、特に高所得者については、従来、所得の増加に応じて給与所得控除も増加し上限がありませんでした。公的年金等控除は、公的年金等の金額を算定するときに公的年金等の収入から差し引くものです。高齢者でも働いて所得を得ている人もいますが、高所得者であっても公的年金等控除に上限はありませんでした。

こうした控除について、高所得者には適用に上限を設けたり、一定以上の所得を有する者は所得の増加に応じて控除額が逓減していくような仕組みとしていくことが考えられます。

二〇一二年度（平成二四年度）の税制改正で、高所得者の給与所得控除に上限額が設定されました。二〇一八年度（平成三〇年度）の税制改正には、基礎控除を一〇万円拡大する一方で、一定以上の所得がある人の給与所得控除や公的年金等控除を縮小する改正や、高所得者の基礎控除を逓減・消失させる改正が含まれています。最近の所得税の改正は、所得再分配機能を回復させ格差是正の機能を発揮させる方向に進んでいるといえます。

また、これらの改正は、所得格差是正の効果とともに、近年、非正規労働者の増加、起業する者、フリーランスなどが増加し、働き方が多様化していることへの対応を目的とした改正でもあります。つまり、給与によって収入を得ている人は手厚い給与所得控除を受けられるのに対して、給与ではないかたちで収入を得ている人は、給与所得控除を受けられないといったアンバランスへの対応です。企業のなかには兼業を積極的に許容していくという動きもありますし、年金所得者でも働いて給与所得や事業所得を稼ぐ人もふえていくでしょうから、働き方はさらに多様化していくものと見込まれます。中期的な検討課題ではありますが、現在のように多くの所得区分に分けて所得区分ごとに控除を設けて所得を計算していく仕組みを再考することも一案と考えます。

所得控除と税額控除

ところで、所得控除は、累進課税制度のもとで低所得者よりも高所得者により大きな税負担の減少効果をもたらすことから、税額控除のほうが望ましいとの意見もあります。所得控除にはさまざまなものがありますが、低所得者には高所得者と比べて所得控除の恩恵が少ないため、政策的な目的で導入されているものは税額控除としていくことも考えられます。ただし、税額控除に転換しても課税最低限以下の人には恩恵が及ばないため、所得再分配の観点からは、各行政主体による補助金の形態のほうが有効なものもあると思われます。

所得控除から税額控除への転換のみでなく、税額控除の額が納税額を上回る納税者には、控除しきれない分を給付する「給付付き税額控除」という仕組みも検討の対象になっています。給付付き税額控除制度は、納付すべき税額の還付を行うだけでなく、控除する税額が課税額を上回る場合や課税最低限以下の人には給付を行うもので、諸外国でも導入例があります。

この仕組みは、財源を確保する税制の仕組みのなかに、給付という社会保障の機能を組み入れるものといえます。給付付き税額控除制度の対象者の範囲や制度設計は、この制度を何のために導入するのか、つまり、低所得者支援か、子育て支援か、就労支援か、消費税の逆進性対策かといった導入目的により異なってきます。導入目的が、低所得者支援であれば資産性所得も合算して受給要件を設ける仕組みが考えられますし、子育て支援であれば子ども一人当り一定額の税額控除（あるいは給付）とする仕組みが考えられます。就労支援であれば、所得に応じて給付額が変動する仕組みが考えられます。給付付き税額控除制度の具体的な仕組みは、まずその導入目的を明確にしていくことが必要でしょう。なお、この制度を導入する場合には、自分の所得を過少に申告して過大な給付を受けることをいかに防止するか、当年の所得は少ないけれども多額の財産を保有している人にも給付されることをどう考えるかといった課題もあります。給付付き税額控除制度を導入しているアメリカやイギリスでは不正受給が大きな問題となっています。

女性の社会進出と所得税

多くの女性が子育てしながら働ける社会のためには、社会全体で子育てを支援していかなければなりません。保育施設の拡充や男性の育児参加が必要ですし、職場においては育児休暇制度を利用しやすいようにすることが大切です。税制面では、女性の働き方の変化に伴い、女性の働き方に対して中立的な制度をいかに構築していくかが課題となります。

配偶者への控除は、一九四〇年（昭和一五年）に「扶養控除」として創設されました。創設理由は、女性が子どもを産むときにそれなりの手当が必要なためと説明されています。一九六一年（昭和三六年）の税制改正で扶養控除から分離され、「配偶者控除」と名称が変更されました。

女性の就労に対して、税制上「一〇三万円の壁」があるといわれていました。これは、配偶者（仮に妻とします）の収入が一〇三万円を超えると、夫が配偶者控除を適用できなくなることから夫婦あわせた手取り額が減少するため、妻が収入を一〇三万円以下に抑えるように就業を調整することです。しかし、妻の収入が一〇三万円を超えても、夫の控除が一挙にゼロになるわけではなく、一四〇万円までは夫に配偶者特別控除が適用され、夫の控除額は段階的に減少していき、夫婦合計の手取り額の逆転現象が起こることはありませんでした。したがって、税制上は「一〇三万円の壁」ではなく「階段」状に控除が減少していましたが、会社によっては、配偶者手当の支給基準を配偶者控除が受けられる上限額の一〇三万円としている会社もありました。また、社会保険制度では妻の収入が一三〇万円を超えると、妻は夫の社会保険から外れ、妻自身が社会保険に加入することになります（注1）。女性の働き方の中立性については、会社の配偶者手当の支給基準や社会保険制度も含めて考えていくべきでしょう。

自由度の高い非正規職員として働く女性がふえてきているなかで、二〇一七年度（平成二九年度）税制改正において、配偶者に関する控除の改正が行われ、控除の対象となる配偶者の給与収入の上限が一〇三万円から一五〇万円に引き上げられました。一五〇万円を超えると段階的に控除額が減少していきます。

配偶者控除のあり方は、課税単位の論点にもつながってきます。日本では、一九五〇年（昭和二五年）のシャウプ勧告に基づく税制改正以降、個人単位課税が採用されています。諸外国においても、個人単位課税を採用している国が多いのですが、アメリカやドイツでは個人単位課税と夫婦単位課税との選択制、フランスでは家族単位課税方式を採用しています。これらは、課税単位を個人ではなく夫婦あるいは家族として、夫婦あるいは家族の合計所得を基にして「二分二乗方式」あるいは「n分n乗方式」という課税方式で所得税を計算する方式です。「二分二乗方式」は、夫婦の所得を合算し、その半分ずつを各人が獲得したとして税額を算出し、算出した二人の税額を合算する方式です。「n分n乗方式」は家族の所得を合算し、それを家族の人数で割った額を各人が獲得したとして税額を計算し、その税額を合算する方式です。これにより、各人の所得が平均化され、高い累進税率が平準化されます。

夫婦単位課税や家族単位課税の方式は、高所得者や高所得世帯により大きな利益をもたらすことや、共稼ぎの夫婦よりも、夫（あるいは妻）のみが働く世帯が有利になるといった問題もあります。また、夫婦単位課税は、他の仕組みと両立させるのが困難です。それは、①累進課税制度、②夫婦の合計所得が同一であれば同水準の課税、③婚姻と課税の中立（独身か結婚しているかで税負担が異ならない）、の三つの条件をすべて同時に満たすことができないことです。累進課税制度を維持したうえで、夫婦単位課税を導入する場合、結婚しているカップルのほうが、結婚していないカップルよりも課税上有利な扱いを受けることになります。これは「③婚姻と課税の中立」に反することになります。そのために夫婦単位課税が導入されているアメリカでは、頻繁に改正が行われてきました。夫婦単位主義や家族単位主義は、独身者を差別する問題、高額所得者により大きな利益を与えること、共稼ぎ夫婦より片稼ぎ夫婦に有利に働くことなど、公平負担の要請に反する性質をもっているとの指摘もあります（注2）。課税単位としては現状の個人単位課税を維持しつつ、配偶者控除や扶養控除のあり方、あるいは基礎控除の拡充などの検討を進めていくべきと考えます。

（注1）なお、健康保険法・公正年金法改正により、二〇一六年（平成二八年）一〇月から従業員五〇一人以上の会社で働く報酬が月八・八万円（年収一〇五・六万円）以上の短時間労働者などにも社会保険の加入対象が広がっている。

（注2）金子（二〇一七）一九三頁参照。

コラム

夫婦弁護士事件

課税単位が個人単位となっていることから生じた税務訴訟があります。一例として、夫婦弁護士事件（注）を紹介します。

これは所得税法第五六条の適用について争われた訴訟でした。所得税法第五六条を裁判例にあわせてわかりやすく説明すると、夫と生計を一にする妻が夫の営む事業から対価の支払を受ける場合には、その金額は、夫の事業所得の必要経費に算入しないという規定です。本件では、弁護士である夫が、夫とは独立して弁護士業務をしている妻に対して弁護士報酬を支払いました。夫は、妻への報酬支払を必要経費として事業所得の総収入金額から控除しました。それに対して、税務署長がこの報酬支払は必要経費として控除することはできないとしたものです。

最高裁判所は、妻が夫と別に事業を営む場合であっても、そのことを理由に所得税法第五六条の適用を否定することはできず、同条の要件を満たす限りその適用があると判示して夫の主張を認めませんでした。つまり、妻が独立して弁護士業務を行っていても、夫が妻に対価として支払った弁護士報酬を必要経費として控除することはできないという判断です。

夫婦単位税制が導入されれば、本件のような争いはなくなるでしょうが、一方で前述の三つの条件は同時には満たされないという制度設計上の問題もあります。

（注）最高裁平成一六年一一月二日判決（訟月五一巻一〇号二六一五頁）。

3 法人税

法人が国全体の経済活動のなかで大きな割合を占めているなかで、法人税は基幹税として位置づけられています。グローバル化やＩＣＴ化の進展のなかで、企業グループがグローバルに活動する時代に、企業活動に対応した課税のあり方を、国際的な整合性を図りつつ考えていく必要があります。

企業の投資を促すためや海外からの資本を呼び込むために、さらに税率を引き下げるべきとの意見があります。企業のグローバルな活動を勘案すると、税率の水準は国際的な動向をふまえる必要があります。図表３－２のとおり、諸外国の法人税率は引き下げられてきています。日本のみ高税率を維持することは国際的な競争力を阻害することとなるため、日本の法人税率も課税ベースを拡大しつつ徐々に引き下げられてきています。課税ベースの拡大とともに税率を引き下げていくことは、成長企業にとっては成長のための資金余力が増加していくことにもつながります。

アメリカでは、連邦法人税率を三五％から二一％に引き下げる税制改革法が二〇一七年

図表３－２　主要国の法人税率（基本税率）の推移

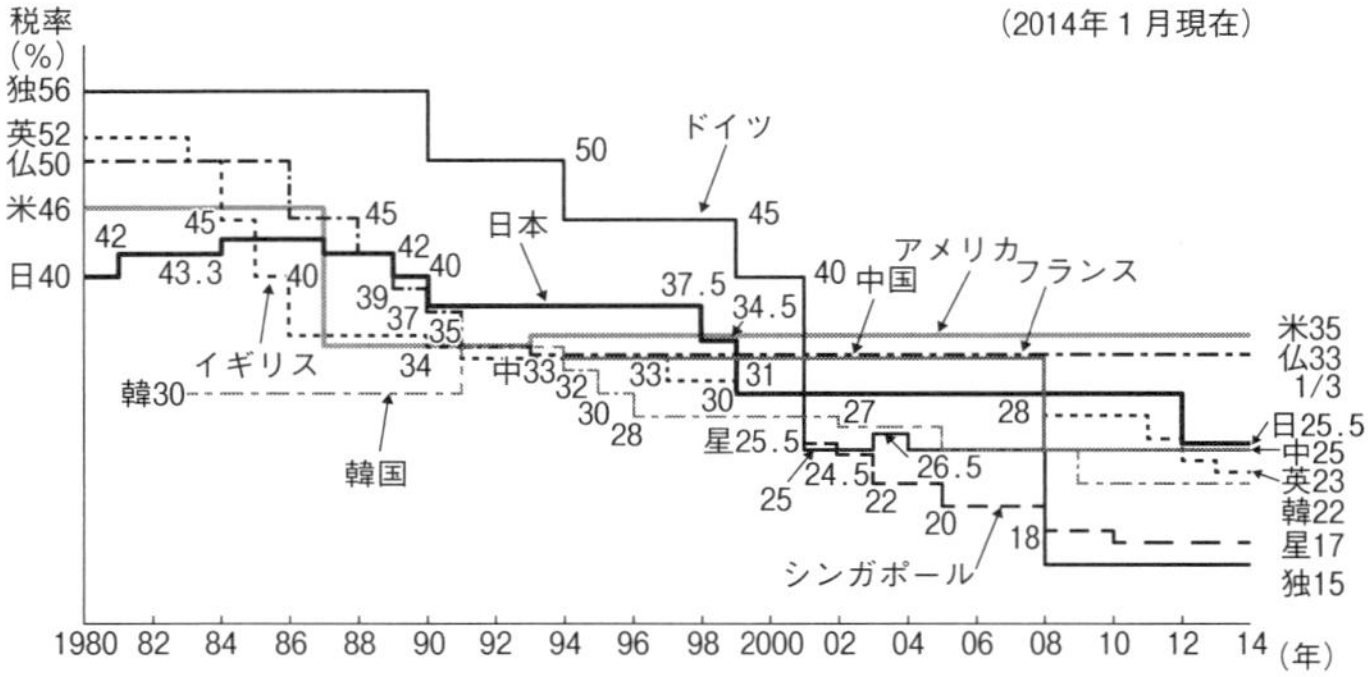

税率
(%)
(2014年１月現在)
独56
英52
仏50
米46
日40
42
45
43.3
45
40
42
40
39
37
35
34
50
ドイツ
45
日本
37.5
34.5
40
中国
アメリカ
フランス
イギリス
韓30
韓国
中33
32
33
30
28
31
30
27
28
星25.5
24.5
26.5
25
22
20
18
シンガポール
米35
仏33
1/3
日25.5
中25
英23
韓22
星17
独15
1980
82
84
86
88
90
92
94
96
98
2000
02
04
06
08
10
12
14
(年)

（注１）　韓国は1982年以前、中国は1993年以前、シンガポールは2000年以前について、資料の制約のため掲載していない。

（注２）　イギリスにおいては、2014年４月より21%、2015年４月より20%に法人税率を引き下げることが検討されている。

（注３）　上記は国税について示している。なお、上記のほかに、日本では事業税および住民税等、アメリカでは地域により州・市の法人税、ドイツでは連帯付加税（連邦税）および営業税（市町村税）、フランスでは年間売上高763万ユーロ以上の法人に対し法人利益社会税が課されるほか、国土経済税（地方税）等、韓国では地方所得税（地方税）等が課される。

（出所）　政府税制調査会第２回法人課税ディスカッショングループ（平成26年３月31日）財務省説明参考資料［法人課税関係］３頁

一二月に成立し、イギリスでは、財務大臣が二〇二〇年四月までに法人税率を二〇%から一七%に引き下げると表明しています。各国が法人税率をさらに引き下げていく動きのなか、日本の税率水準については、代替財源の問題もあり、租税特別措置法の整理など課税ベースの拡大による財源確保をセットで考えていかなければならないでしょう。

法人税の課題は、グロー

バル化、ＩＣＴ化、ＩＦＲＳ（国際財務報告基準）とのコンバージェンスを含む会計基準の変容など法人を取り巻く状況の変化への対応です。また、日本の法人の国際競争力を高めるとともに、日本への投資を魅力的なものとする環境整備など、成長志向の法人税制の視点が重要です。そのために企業の生産性を向上させ収益力を高めることを目的として、ＩｏＴやＡＩなどを活用したイノベーションの促進による生産性の向上を税制が後押ししていくことや、先端技術の開発を推進する研究開発税制の拡充も必要です。これは研究開発機能の海外への移転の抑制にもつながります。

法人税率引下げの流れと課税ベースの拡大をセットで考えていくことは前述のとおりですが、財政再建は経済成長を伴わないとその実現はきわめて困難ですので、経済成長を促進させていくために税制を活用していくことも必要です。成長を促進させるための租税特別措置法については、課税の公平性を勘案しつつ、真に必要なものに限り、その措置の効果を検証しながら効果の高い措置を導入・継続していくべきと考えます。

これまでの租税特別措置の状況をみると一定の産業にその利用が偏っている傾向がみられます。図表３－３の「租税特別措置による軽減」の数値をみると、租税特別措置により法人税の負担が軽減される割合は、卸売業、小売業、サービス業がそれぞれ〇・五％、

図表３－３　利益計上法人（業種別）の法人税（国税）の負担率（2012年度）

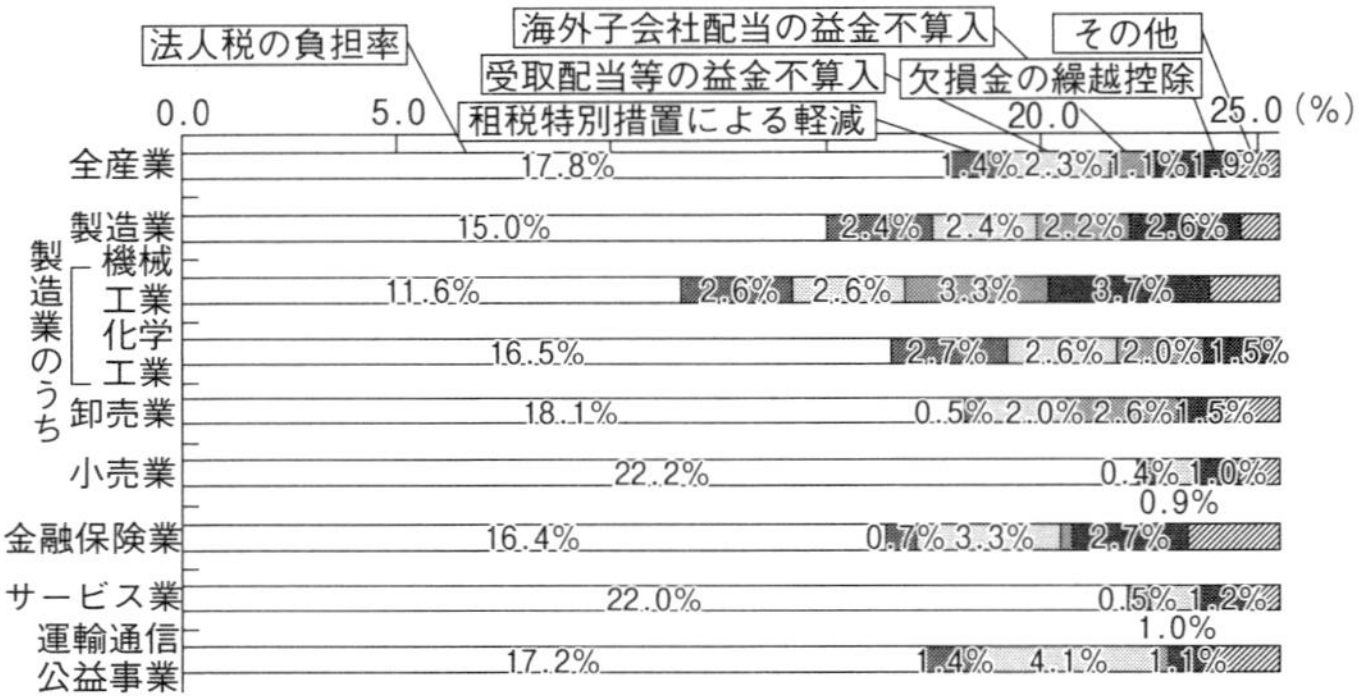

法人税の負担率
海外子会社配当の益金不算入
受取配当等の益金不算入
租税特別措置による軽減
その他
欠損金の繰越控除
0.0
5.0
20.0
25.0（%）
全産業
17.8%
1.4%
2.3%
1.1%
1.9%
製造業
15.0%
2.4%
2.4%
2.2%
2.6%
製造業のうち
機械工業
11.6%
2.6%
2.6%
3.3%
3.7%
化学工業
16.5%
2.7%
2.6%
2.0%
1.5%
卸売業
18.1%
0.5%
2.0%
2.6%
1.5%
小売業
22.2%
0.4%
1.0%
0.9%
金融保険業
16.4%
0.7%
3.3%
2.7%
サービス業
22.0%
0.5%
1.2%
1.0%
運輸通信公益事業
17.2%
1.4%
4.1%
1.1%

（注１）　国税庁「会社標本調査」（平成24年度）等に基づき財務省で推計。
（注２）　上記は、利益計上法人（所得金額が正である法人）について、法人税率（表面税率）を25.5%と置いた場合の税引前当期利益（租税特別措置なかりし場合）に占める法人税の割合、および、法人税制上の主な措置による税負担への影響割合を推計したものである。
（出所）　税制調査会第３回法人課税ディスカッショングループ（2014年４月14日）財務省提出資料［法Ｄ３－２］４頁

〇・四%、〇・五%と低くなっている一方、製造業は二・四%、そのうち機械工業、化学工業はそれぞれ二・六%、二・七%と高くなっています。租税特別措置は、特定の業種に偏り過ぎず、産業横断的に成長を促す分野を選択して適用していくべきでしょう。

ところで、日本の起業家率（一八歳から六四歳までの人口に占める「新規事業の立ち上げに関与した人」もしくは「新事業の経営者」の割合）は四%で、アメリカの三分の一弱であり、図表

3―4の二八か国中最下位となっています。起業活動を活発化させるためには多様な要素があるでしょうが、税制が後押しできることとしてはベンチャー投資推進のための措置など、新規事業立上げの際の資金を集めやすくすることが考えられます。現行税制にもベンチャー企業への投資を促進するために、ベンチャー企業へ投資を行った個人投資家に対する税制上の優遇措置を行う制度（エンジェル税制）があります。ベンチャー企業に対して、個人投資家が投資を行った場合に、投資時点と売却時点で税制上の優遇措置を受けることができるものです。起業支援の効果と公平性とを比較衡量しつつより多くの起業をサポートしていくことが、国全体として産業の新陳代謝を促していくことにつながります。

企業会計基準の変容に対する法人税法の対応については、ＩＦＲＳとのコンバージェンスが進展するなかで企業会計基準が変更された場合においても、法人税法上の取扱いが予測可能なものとなるようにしていくことが重要です。たとえば、二〇一八年（平成三〇年）三月にＩＦＲＳをふまえて「収益認識に関する会計基準」（注）が公表されましたが、法人税法においても二〇一八年度（平成三〇年度）税制改正で収益認識に関する法令上の明確化が図られており、これは予測可能性の観点から意義のあるものと考えます。

（注）企業会計基準第二九号、企業会計基準委員会、平成三〇年三月三〇日。

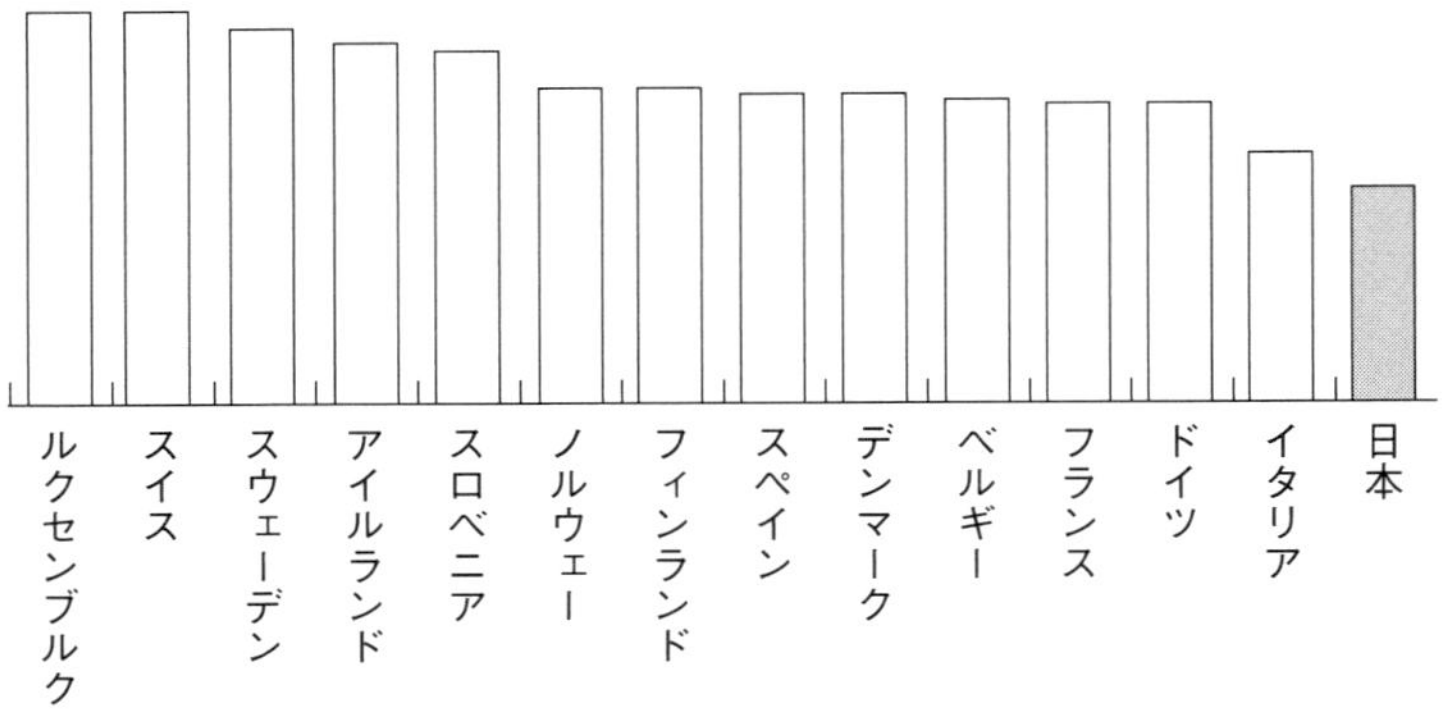
ルクセンブルク
スイス
スウェーデン
アイルランド
スロベニア
ノルウェー
フィンランド
スペイン
デンマーク
ベルギー
フランス
ドイツ
イタリア
日本

図表３－４　起業家率（2014年）

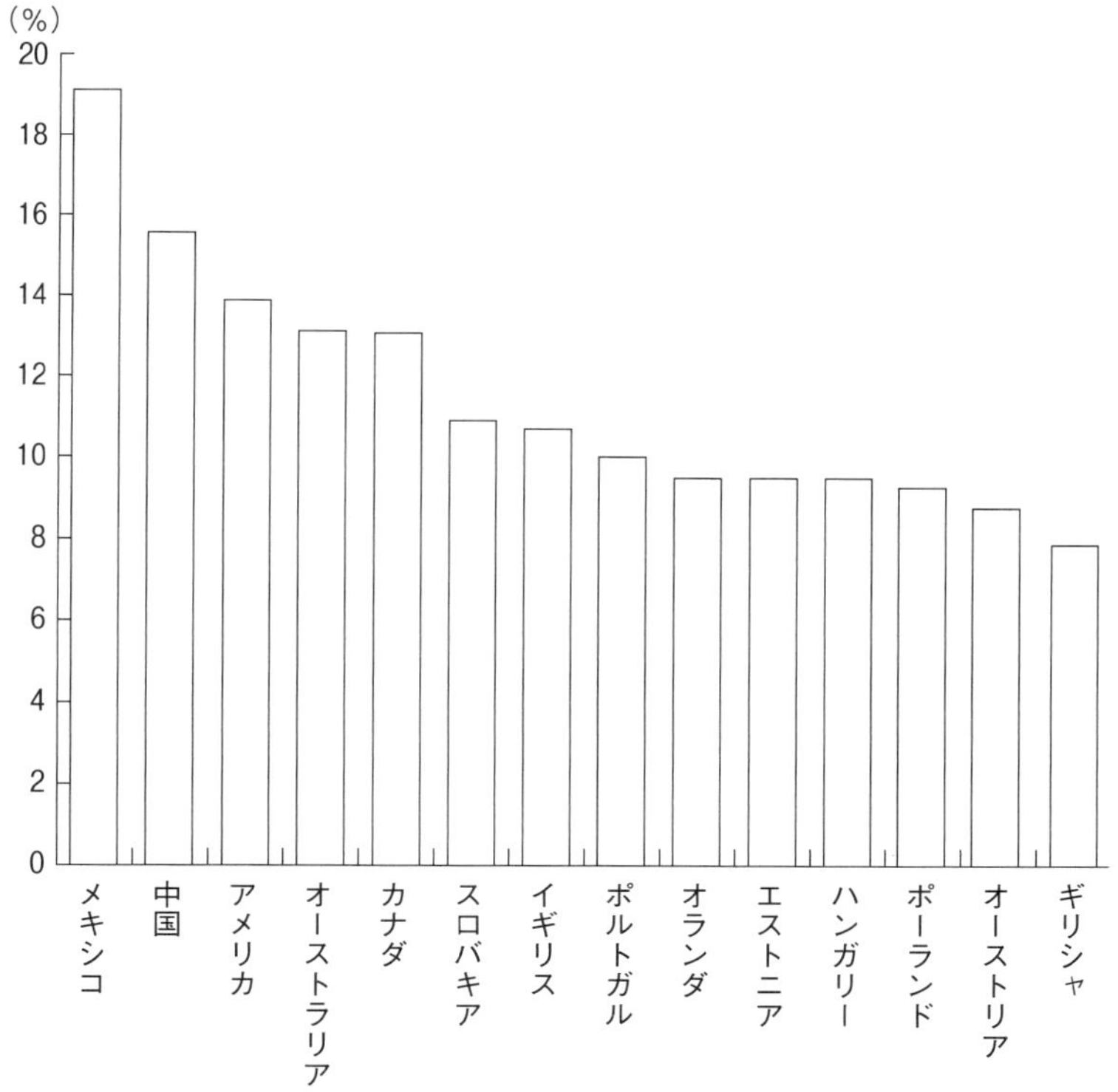
（%）
20
18
16
14
12
10
8
6
4
2
0
メキシコ
中国
アメリカ
オーストラリア
カナダ
スロバキア
イギリス
ポルトガル
オランダ
エストニア
ハンガリー
ポーランド
オーストリア
ギリシャ

（出所）　内閣府（2017b）「平成29年度　年次経済財政報告―技術革新と働き方改革がもたらす新たな成長―」

4 消費税

所得税や法人税は勤労世代により多くの負担を求めるものですが、消費税は収入のない高齢者や子どもを含めて幅広い人に負担を求める税です。今後、勤労世代の人口が減少し、高齢化が進展していくなかで、経済社会の活力を維持しつつ、社会保障を含めた公的サービスの費用を広く公平に分担していく必要があります。

図表3－5をみると、所得税や法人税は景気の影響を受けやすく税収の変動が大きいのに対して、消費税は景気の影響を受けにくく安定的な税収となっていることがわかります。一九九七年（平成九年）四月と二〇一四年（平成二六年）四月の消費税率の引上げによる増加以外は税収の変動が少なくなっています。地方消費税を含む消費税の税収は社会保障や少子化対策に充てることとされており、安定的な社会保障の財源として重要な役割を担っています。

消費に対する課税の利点として、水平的公平、税収の安定性、経済活動に対する中立性、簡素性などがあげられます。一個人をみてみると、消費に対する課税は勤労している期間に負担が過度に偏らず、ライフサイクルを通じた税負担の平準化につながります。

地方消費税を含めた税率が五%から八%、さらに一〇%となると、税収全体に占める割合も増加していくと見込まれます。高齢社会を皆で支えていく観点から、また、低成長時代の安定財源として、消費税の重要性はますます高まっていくことでしょう。それとともに公平性への要請も高まり、益税や租税回避への対応も重要となってきます。

課税事業者の事務負担を考慮しつつ益税を除いていくことや、仕入税額控除のあり方を含めて制度の信頼性を高めていく必要があります。仕入税額控除の要件として、現行制度では帳簿および請求書等の保存が必要ですが、二〇二三年一〇月一日からインボイス制度(適格請求書等保存方式)が導入されることとなっています。

インボイス制度のもとでは、課税事業者以外の者からの仕入れはインボイスがないと仕入税額控除ができなくなります。ただし、インボイス制度導入後の経過措置として、免税事業者からの仕入れについて、導入後三年間は八〇%、その後の三年間は五〇%の割合で仕入税額控除が認められます。

インボイス制度の導入により免税事業者からの仕入れに係る仕入税額控除ができなくなりますが、中古品販売業者による中古品の仕入れについては、税の累積の排除の観点から

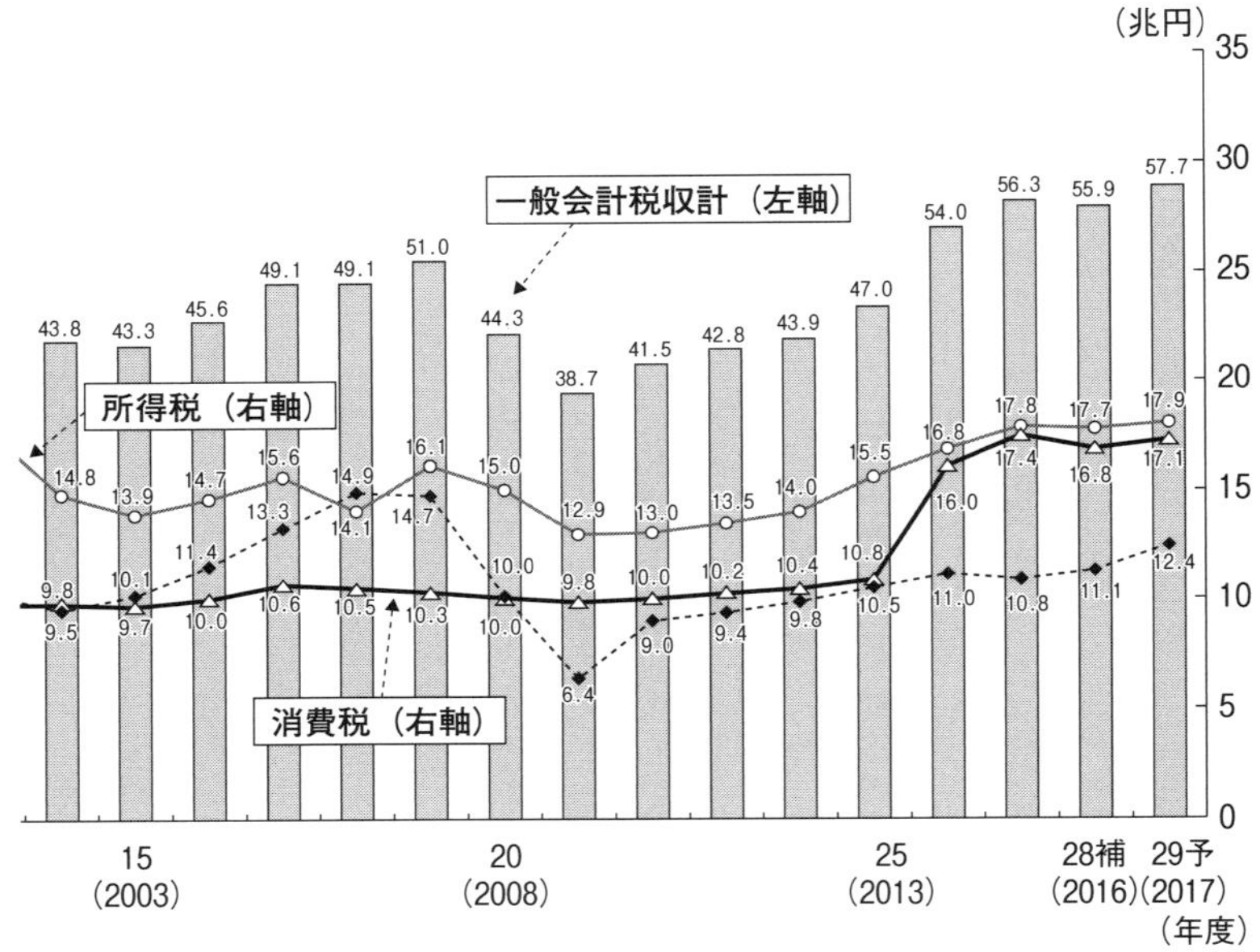

(兆円)
35
30
25
20
15
10
5
0
一般会計税収計（左軸）
所得税（右軸）
消費税（右軸）
43.8
43.3
45.6
49.1
49.1
51.0
44.3
38.7
41.5
42.8
43.9
47.0
54.0
56.3
55.9
57.7
14.8
13.9
14.7
15.6
14.1
16.1
15.0
12.9
13.0
13.5
14.0
15.5
16.8
17.8
17.7
17.9
9.8
10.1
11.4
13.3
14.9
14.7
10.0
6.4
9.0
9.4
9.8
10.5
11.0
10.8
11.1
12.4
9.5
9.7
10.0
10.6
10.5
10.3
10.0
9.8
10.0
10.2
10.4
10.8
16.0
17.4
16.8
17.1
15
(2003)
20
(2008)
25
(2013)
28補
(2016)
29予
(2017)
(年度)

図表３－５　一般会計税収の推移

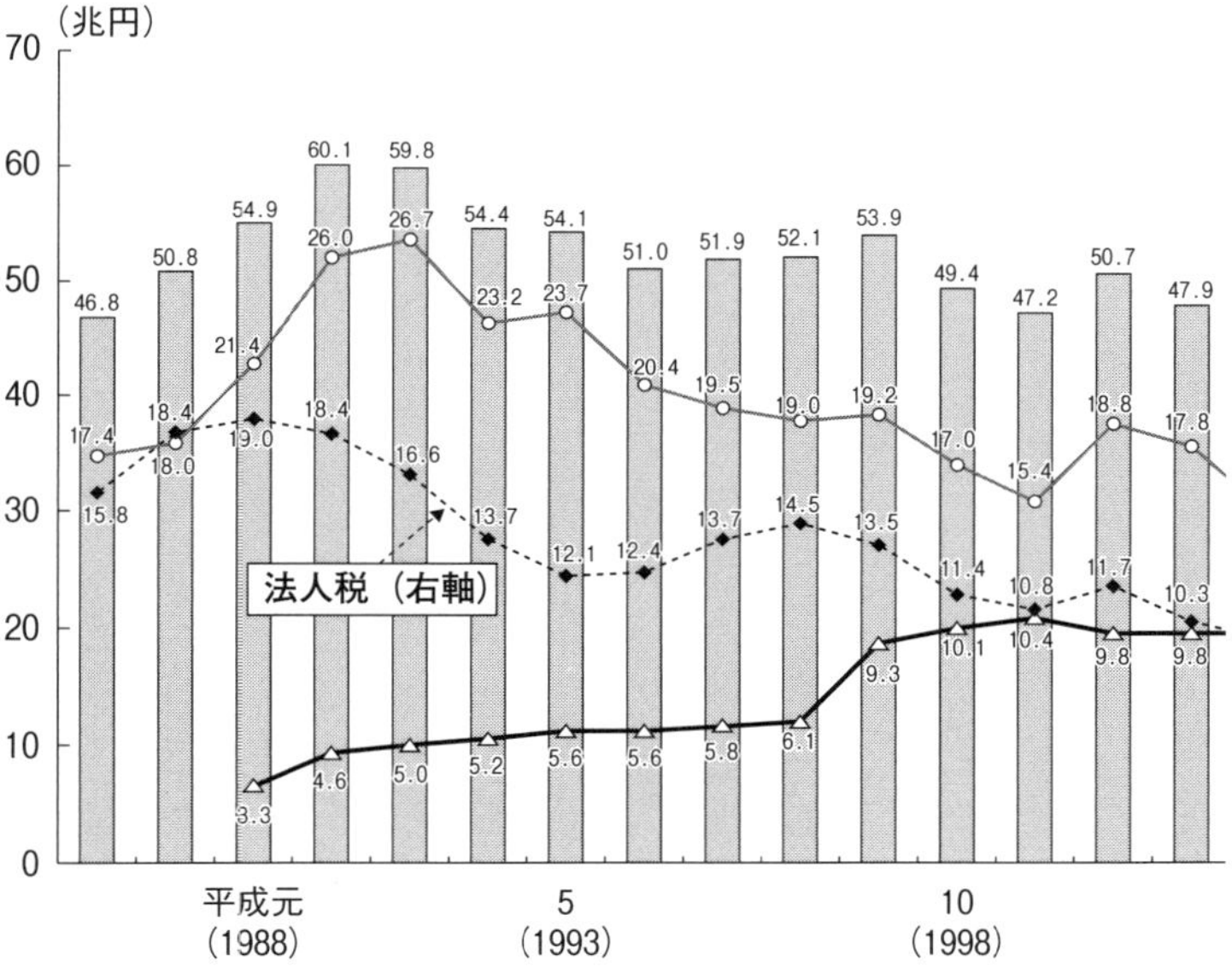
（兆円）
70
60
50
40
30
20
10
0
46.8
50.8
54.9
60.1
59.8
54.4
54.1
51.0
51.9
52.1
53.9
49.4
47.2
50.7
47.9
17.4
18.0
21.4
26.0
26.7
23.2
23.7
20.4
19.5
19.0
19.2
17.0
15.4
18.8
17.8
15.8
18.4
19.0
18.4
16.6
13.7
12.1
12.4
13.7
14.5
13.5
11.4
10.8
11.7
10.3
3.3
4.6
5.0
5.2
5.6
5.6
5.8
6.1
9.3
10.1
10.4
9.8
9.8
法人税（右軸）
平成元
(1988)
5
(1993)
10
(1998)

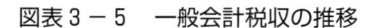

（出所）　財務省ウェブサイト（http://www.mof.go.jp/tax_policy/summary/condition/010.pdf）を筆者加工

一定の考慮が必要でしょう。まずインボイス制度の定着が重要ですが、経過措置の終了後、中古住宅や中古車などの中古品取引の取扱いについて、税の累積を排除する合理的な方式の検討が将来的に必要になると考えられます（注）。中古品販売業者は売上げと仕入れとの差額をもとにして付加価値税を算出するマージン課税などが導入されている国もあります。

（注）中古品（耐久消費財）について研究したものとして沼田（二〇一七）参照。

5 相続税・贈与税

高齢社会となり、相続税への社会的関心が高まってきています。相続税や贈与税が税収全体に占める割合は、消費税、所得税、法人税に比べると大きくはありませんが、富の再分配機能による格差の是正、格差固定化の抑制といった機能を有しており、社会的に重要な税です。富がそのまま相続され、格差が世代を超えて固定化されるのではなく、貧しい家庭の子どもであっても努力すれば成功できる「機会の平等」が確保されているのが望ましい社会です。相続税や贈与税には、「結果の平等」ではなく「機会の平等」の観点から、平等な機会のもとで競争する環境を整えていく意義もあります。

相続税の基礎控除が二〇一五年（平成二七年）から引き下げられました。被相続人数（死亡者数）に占める課税対象となる被相続人数の割合は、改正前の二〇一四年（平成二六年）分までは四％強でしたが、改正後は八・〇％（二〇一七年（平成二九年）分）に上昇しました（注）。改正により、富の再分配機能の回復に一定の効果があったと考えられます。

相続税は公平性や格差の固定化の防止の観点から重要ですが、一方で、事業を営む高齢の経営者が次世代に事業を承継させる際の税負担について十分な考慮が必要です。相続により中小企業の事業を承継した者が、重い相続税負担により事業を継続できず事業を廃止せざるをえなくなると、その従業員の雇用にも影響しますし、中小企業のもつ技術が消失してしまいます。事業を次世代に承継できない中小企業が増加していくと、日本を支えてきた技術を失うことになり、国全体でみると大きな損失となりますし、将来の成長力を高める点からもマイナスです。日本の大多数の法人は中小企業であり、地域の活性化の観点からも事業の継続は重要です。そこで、中小企業の株式を、事業を承継する人が相続する場合に、雇用を維持することなど一定の要件のもと、相続税を猶予する事業承継税制が導入されています。現在、多くの中小企業の経営者が高齢者となってきている状況をふまえて、事業承継税制については、公平性とのバランスに留意しつつ、事業の継続を阻害せず円滑な事業承継を促進するように見直し・拡充を図っていくことが、国全体としての経済力の強化につながるものと考えます。二〇一八年度（平成三〇年度）税制改正には事業承継税制の各種要件の緩和を含む拡充が含まれています。

贈与税は、生前贈与による相続税の課税回避を防止する意味で、相続税の補完としての役割を果たしていますが、生前贈与の活用の観点も重要です。図表3－6のように、高齢

図表３－６　年齢階級別平均純資産の比較（1994年→2009年）
（図表２－４再掲）

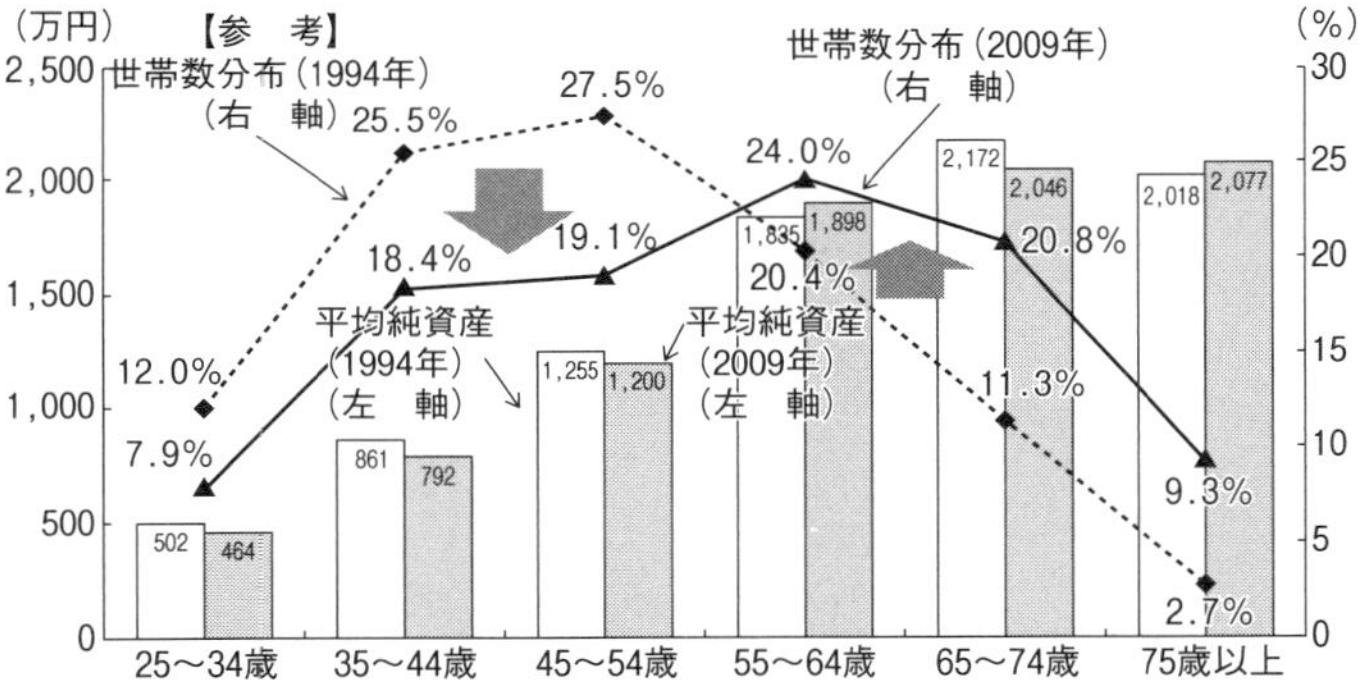
（万円）
【参　考】
（%）
世帯数分布（1994年）
（右　軸）
世帯数分布（2009年）
（右　軸）
平均純資産
（1994年）
（左　軸）
平均純資産
（2009年）
（左　軸）
2,500
2,000
1,500
1,000
500
0
30
25
20
15
10
5
0
12.0%
25.5%
27.5%
20.4%
11.3%
2.7%
7.9%
18.4%
19.1%
24.0%
20.8%
9.3%
502
464
861
792
1,255
1,200
1,835
1,898
2,172
2,046
2,018
2,077
25～34歳
35～44歳
45～54歳
55～64歳
65～74歳
75歳以上

（出所）　総務省統計局「全国消費実態調査」（二人以上の世帯）
（注）「純資産」は、貯蓄現在高から負債現在高（住宅・土地のための負債を除く）を控除したもの。
（出所）　税制調査会（2015年10月27日）財務省説明資料［総25-１］11頁

世帯が保有する資産の額は、若年世帯に比べても大きくなっています。

　高齢者が保有する資産を相続時まで活用せず「眠らせて」おくよりは、早い段階で次世代へと移転し有効に活用していくことが、経済社会の活性化につながり国全体としての成長に資することになります。こうした観点から、二〇〇三年度（平成一五年度）税制改正で相続時精算課税制度が創設されました。この制度は生前に贈与をした場合には贈与税を軽減しますが、相続のときには、贈与された財産と相続された財産を合計した額に相続税が課されるというものです。勤労世代に比べて資産を多く所有している高齢者の資産を早期に若年層に移転し、資産を有効活用することを促進し、経済を活性化させようという目的の制度です。公平性や格差の固定化の観点にも配意しつつ、資産の有効活用を税制が後押ししていくことは意義があるでしょう。

（注） 国税庁記者発表資料「平成二八年分の相続税の申告状況について」二〇一七年一二月。

6 地方税

地方税については、税収の偏在が小さく安定した税体系の整備が重要です。

固定資産税は、固定資産の保有と市町村から受けるサービスとの受益関係に着目して、土地、家屋、償却資産（注1）を課税対象として、それぞれの価値に応じて課税する財産税です。固定資産税は景気の動向に影響されにくく、市町村の安定的な財政基盤となっています。市町村民税総額に占める固定資産税の割合は四二・〇％（注2）となっており、固定資産税は地方自治体財政において大きな役割を果たしています。地価の変動に対して負担水準の適正化が図られてきていますが、公平性、安定した財源、信頼性の確保のために、資産価格の変動に対応して三年ごとに土地と家屋の評価額を見直す固定資産の評価替えについて、各市町村は引き続き適切に対応していくことが重要です。

地方税には、行政サービスの対価を受益者が負担するという応益課税の考え方が国税よりも強く当てはまります。所得のない欠損法人であっても、その地域で活動し各種の行政サービスを享受している以上、一定の税負担は必要と考えられます。赤字法人の割合は恒常的に高くなっており、二〇一六年度（平成二八年度）の欠損法人割合は六三・五％となっています（注3）。この比率は諸外国と比べても高い数値となっています。二〇〇四年（平成一六年）から資本金一億円超の法人を対象として、法人事業税に外形標準課税が導入され、欠損法人であっても一定の税負担を担うこととされました。法人事業税所得割における外形標準課税の割合は次第に拡大し八分の五となっていますが、応益課税の考え方のもとで、税収の安定化の観点からも事業活動の状況を反映する外形標準の基準について随時見直していくことが必要です。また、外形標準課税の対象となる法人は資本金または出資金の額が一億円を超える法人となっており、全法人の一％未満と限られています。零細企業などへの一定の配慮は必要ですが、応益課税の考え方のもとで、適用対象となる法人の範囲についても拡大していくべきでしょう。

また、地方税については地方公共団体間の税収格差が大きく、地域間の税源の偏在性の是正が課題です。これまで、法人事業税の一部を「地方法人特別税」として、国が徴収した後に「地方法人特別譲与税」として地方公共団体へ分配する制度や、法人住民税法人税割の税率を引き下げ、その引下げ分に相当する税として「地方法人税（国税）」を創設し、その税収を地方交付税の原資とするなど、税源の偏在性の是正が図られてきました。

しかし、地域間の税収格差は十分には解消されておらず、安定的な地方財政のために引き続き偏在性の是正についての検討が必要です。

（注1）機械など、土地および家屋以外の事業の用に供することができる資産。
（注2）総務省「地方税の税目別収入額及びその割合の推移」（二〇一三年度）。
（注3）繰越欠損金控除後の数値。国税庁報道発表「平成二八年度分『会社標本調査』結果について」（二〇一八年三月）。

7 国際課税

経済取引のグローバル化は、税の分野に大きな影響を与えています。グローバル化の進展により、所得や資本の国際間の移動が増加し、企業や個人富裕層への課税がむずかしくなります。

国際課税には、①国際的に活動している企業や個人の二重課税をいかに排除するかという観点、②どの国でも課税されない二重非課税をいかに防止するかという観点、③各国間での投資をはじめとした経済交流を促進する観点があります。

グローバル化やＩＣＴ化の進展に伴って、一つの製品を製造するのに、原材料の調達、部品の製造、製品の組立てや製造を複数の国にわたって行い、完成品を多数の国で販売することが当たり前のように行われるようになってきます。税務の観点からは、価値が創造された場所で課税されるべきとの考え方から、ビジネスがどこでどれだけの付加価値を創出したのかを測定することが重要になってきます。そのためのルールづくり、課税権の配分について議論が行われています。

多国籍企業が、各国の税制上の優遇措置や租税条約を巧妙に利用してグローバルな税負担の軽減を図るケースがみられるようになり、それにいかに対処するかという問題が生じています。国際的な租税回避に対抗するために、各国はそれぞれ個別に対抗策を立法して対応していますが、個々の国による対応では、租税回避の余地を十分に塞ぐことができないことが認識され、後述のＢＥＰＳ（Base Erosion and Profit Shifting：税源浸食と利益移転）プロジェクトでの検討につながりました。国際的な租税回避に対応するために、各国の税務当局間で納税者の金融口座の情報を相互に自動的に交換するシステムの促進についても検討が行われてきました。

国際課税では、経済取引について、どの国がどの程度課税するべきかという課税原則の共通認識を各国間で醸成することが基盤となります。居住地における課税と、所得獲得の源泉地における課税の双方の基準を取引の種類ごとにいかに適用するかという共通認識です。共通ルールでは、課税対象となる経済活動と、価値が創造された場所との関連が重視され、経済活動が行われた場所において価値創造の貢献の度合いに応じて課税されるべきです。その際、その貢献の度合いの測定方法が問題となります。いずれにしても、課税の真空地帯を防止することが国際課税の重要な役割であると同時に、二重課税の防止や通常の健全なビジネスが阻害されないようにしていく観点も必要です。

(1) BEPSプロジェクト

企業の経済活動はグローバルに行われていますが、課税は各国がそれぞれに課税権を行使しているなかで、各国間の税制の違いを利用したタックス・プランニングの余地が生じえます。

二〇〇八年の世界金融危機を発端として、世界経済が低迷し、各国において税収が減少しました。各国では国民の生活維持や景気対策のための財政出動の必要性が高まり、財源確保に苦慮するようになりました。こうしたなかで、世界的にビジネスを展開する多国籍企業が、各国の税制の相違や抜け穴を利用するといった行き過ぎたタックス・プランニングにより各国で相応の税負担をしていないのではないかという疑念が抱かれ、アメリカやイギリスの議会に呼ばれたり、消費者の不買運動にまで発展したものもありました。

こうした問題に対処し、企業間の公正な競争条件を整えていくために、OECD租税委員会は二〇一二年にBEPSプロジェクトを開始し、二〇一三年に図表3－7にある一五

図表３－７　BEPSプロジェクト

行動１	電子経済の課税上の課題への対応
行動２	ハイブリッド・ミスマッチ取決めの効果の無効化
行動３	外国子会社合算税制の強化
行動４	利子控除制限
行動５	有害税制への対抗
行動６	租税条約の濫用防止
行動７	恒久的施設（PE）認定の人為的回避の防止
行動８	無形資産取引に関連する移転価格ルール
行動９	リスクと資本に関する移転価格ルール
行動10	他の租税回避の可能性の高い取引に係る移転価格ルール
行動11	BEPSの規模・経済的効果の分析方法の策定
行動12	タックス・プランニングの報告義務
行動13	多国籍企業情報の報告制度
行動14	より効果的な紛争解決メカニズムの構築
行動15	多国籍間協定の開発

項目について「ＢＥＰＳ行動計画」を示しました。このプロジェクトには、Ｇ20からの要請も受け、ＯＥＣＤ非加盟のＧ20メンバー国（中国、インド、ロシア、アルゼンチン、ブラジル、インドネシア、サウジアラビア、南アフリカ）も参加して精力的な検討が行われ、二〇一五年に一五の行動計画の全項目について最終報告書が公表されました。ＢＥＰＳプロジェクトでは、価値が創造された場所で、

その創造された価値に見合った利益に対して課税が行われるべきとしており、その共通認識が醸成されたことが大きな一歩であるといえます。

今後は、この最終報告書で示された勧告内容に基づいて各国が必要な法整備を行い、いかに効果的に実施していくかというステージに入っていきます。一部の国のみで税制を改正しても、各国間でのギャップは解消されずＢＥＰＳの余地は残ります。各国がどれだけ足並みをそろえて実施していけるかが今後の課題です。課税の公平性と公正な競争条件の構築のために、各国の取組みと協調が期待されます。

(2) ICTの発達とBEPSプロジェクト

ＢＥＰＳプロジェクトの背景に経済のグローバル化があるのはいうまでもありませんが、その背景の一つとしてＩＣＴの発達もあります。ＩＣＴの発達がグローバル化を大きく推進させています。インターネットをはじめとしたＩＣＴにより、国境を越えた取引が容易に行えるようになってきたためです。

日本では、国内の事業者がインターネットを通じて電子書籍や音楽などを国内の顧客に提供する場合は、課税取引として消費税が課税されていますが、国外の事業者が、同様に国内の顧客に電子書籍や音楽などを提供する場合、従来は、国外取引として消費税の課税対象にはなっていませんでした。

このアンバランスを是正するために、二〇一五年度（平成二七年度）税制改正により国外事業者がインターネットなどの通信回線を通じて行う役務提供についても消費税の課税対象とされました。国外事業者が国内向けに行う電子通信利用役務の提供について、事業者向けの役務提供は、顧客である国内事業者が納税義務者となると同時に仕入税額控除を行う方式（「リバースチャージ方式」）が導入されました。国内の消費者向けの役務提供については、国外事業者が日本で登録したうえで納税を行うこととされました。BEPSプロジェクトにおいても、特に国外事業者が消費者に対して電子的な役務提供をする場合における付加価値税の効率的な徴収方法などについて検討が行われました。

消費税（諸外国では付加価値税）だけでなく直接税に関する論点もあります。たとえば、インターネットなどの通信手段の発達により、ほかの国に事業の物理的な拠点をもたずにビジネスを展開することも容易になりました。前述したシェアリング・エコノミーの例では、インターネット上のプラットフォームの運営者が国外にいる場合に、仲介に対する手数料はどの国で課税を受けるべきかといった問題です。

これまで、物理的拠点（PE：Permanent Establishment（恒久的施設））がその国にないとその国で事業の所得に対して課税されないという国際的な共通認識が醸成されていますが、電子経済が発達した状況下で、この扱いが適当かといった論点です。ＢＥＰＳプロジェクトにおいては、こうしたデジタル・エコノミーにより生じる直接税の問題についても検討され、最終報告書ではいくつかの選択肢が示されています（注1）。

選択肢の一つ目は、企業がその国に「重要な経済的存在（significant economic presence）」を有するときには、課税されるというものです。従来のＰＥの概念にかえて、「重要な経済的存在」の概念を設け、企業のデジタル・プラットフォームなどを通じて国内の顧客と行ったデジタル取引で生じた収入を課税の対象とするものです。二つ目は、デジタル取引に対する源泉徴収税です。オンラインで注文したモノやサービスに対する非居住プロバイダーへの支払に対する源泉徴収です。三つ目は「平衡税（equalization levy）」の導入です。平衡税とは、国外の供給者と国内の供給者との平等な取扱いを確保するための特別な賦課金です。特別の賦課金が導入されている例として、インドにおける国内にＰＥを有していない非居住者によるインターネット広告およびデジタル広告に対する平衡税、イタリアにおける電子機器を通じた役務提供について対価の額を課税標準とする平衡税がありますⅰ(注2)。これらの選択肢には、対象取引の範囲、「重要な経済的存在」に帰属する所得の算定、国外の事業者からの徴税方法などの問題があり、現在も検討が続いています。従来のＰＥに基づく課税から大きな変更となる可能性のある論点であり、実施可能な制度の構築には新しい技術の活用可能性を含めて考えていく課題でしょう。なお、ＥＵの欧州委員会は国際協調によるルール実現までの暫定措置として、ＰＥがなくてもデジタル・サービスに対して売上高の三％程度を課税する案を二〇一八年三月に提案しました(注3)。年間売上げが七〇〇万ユーロ超、顧客数が年一〇万人以上、年三〇〇〇件以上の契約などの条件を満たした場合に国内に拠点があるとして課税するという提案です。ただし提案の実現にはすべてのＥＵ加盟国の合意が必要であり、実施に至るかは不透明です。

このようにＢＥＰＳプロジェクトは、社会・経済・ビジネス環境の変化によって生じてきた幅広い論点を検討したものといえます。

(注1)　"Addressing the Tax Challenge of the Digital Economy - Action 1" in OECD (2015), section 7.6.

(注2)　特別な賦課金の導入例について吉村（二〇一八）四一頁を参考とした。

（注3） European Commission, Proposal for a Council Directive on the common system of a digital services tax on revenues resulting from the provision of certain digital services, COM (2018) 148 final, 21.3.2018.

■おわりに

本書では社会の動きと税とのつながりについてみてきました。

第1章では税と社会とのつながりを説明しました。税が社会に及ぼす影響、反対に社会が税に及ぼす影響です。特に戦争は社会の大きな変革をもたらしますが、過去には、戦争によって税制が大きな影響を受けてきました。

第2章では日本における近年の社会の変化と税について説明しました。現代の日本は、人口減少、少子化、高齢化、格差の拡大、グローバル化、ＩＣＴ化など、大きな社会の変革期にあります。

第3章では、現在進行している社会の変化のなかで、変化に対応した今後の各税制の課題や論点について述べました。

税は社会の変化や経済状況と深く結びついており、公的サービスの必要な財源を確保するため、さらには格差是正や経済成長などよりよい社会を促進するためにも、変容する社会に応じて税制を変えていかなければなりません。ただし、変化への対応は税制のみでは不十分です。少子化、高齢化などの変化のもとで、勤労世代に過度な負担が偏重することがないようにしつつ、いかに負担を社会全体でまかなっていくかが課題となっていますが、税のみで必要な財政負担をまかない、かつ格差是正を図っていくには限界があります。医療、年金、介護の制度を含めた社会保障、労働環境、教育、歳出における配分など、さまざまな社会的仕組みを含めて、この課題に対応していかなければなりません。「所得・消費・資産課税のバランスのとれた税制」と、一言でいうのはたやすいですが、最適解を選択していくことは容易ではありません。グローバル化を背景とした法人税率の引下げの潮流のなか、高齢社会を支えていく財源を確保しつつ、経済成長を志向していくという二つの命題を両立させるむずかしい舵取りが求められます。社会の変容をふまえた負担のあり方について一人ひとりが考え、今後の安心できる社会と活力ある経済に向けた税制の構築のために、広い視点から検討が行われることが望まれます。

本書は、より多くの方に少しでも税への関心を高めていただきたいと考えて執筆したものです。本書を一つの題材として税について議論する機会がふえ、税を考えていくうえでなんらかの参考になれば幸いです。

【参考文献】

井上清（一九七四）「日本の歴史20　明治維新」中央公論社

岩瀬忠篤（二〇一三）「日本経済の現状と課題」財務省財務総合研究所、沖縄講演（二〇一三年六月四日）(https://www.mof.go.jp/pri/summary/kouen/kou021.pdf)

牛込努（二〇一七）「近代日本の課税と徴収」有志舎

牛込努（二〇〇七）「明治二〇年所得税導入の歴史的考察」税大論叢56号

宇波弘貴（二〇一七）「図説日本の財政　平成二九年版」東洋経済新報社

翁百合（二〇一二）「財政再建と経済成長をどう両立するか―スウェーデンの財政再建の経験―」ＪＲＩレビュー、二〇一二Ｖｏｌ．１、№１

大蔵省大臣官房文書課編（一九八七）「間接税の現状」ファイナンス別冊、大蔵財務協会、一九八七年一一月

金子宏（二〇一七）「租税法［第二二版］」弘文堂

国税庁（二〇〇〇）「国税庁五十年史」廣済堂

国税庁監修（一九九六）「目で見る税務署百年史」大蔵財務協会

財務省パンフレット（二〇一七）「これからの日本のために財政を考える」財務省

佐藤進（一九九〇）「日本の租税文化」ぎょうせい

佐藤智紀（二〇一〇）「法人税と海外直接投資の実証分析」ファイナンシャル・レビュー通巻１０１号

シャウプ使節団（一九四九）「日本税制報告書」

杉原幸子（一九九〇）「六千人の命のビザ」朝日ソノラマ
税務大学校研究部編（一九九六）「税務署の創設と税務行政の一〇〇年」大蔵財務協会
関幸彦（一九九九）「武士の誕生」日本放送協会出版
総務省（二〇一七）「平成二九年版　情報通信白書」
総務省（二〇一五）「平成二七年版　情報通信白書」
租税史研究グループ（一九九七）「エピソードで綴る税の日本史」大蔵財務協会
高橋昭典（二〇〇三）「申告所得税の半世紀――制度定着の過程と税務行政の努力　第一回申告納税制度の導入」税経通信二〇〇三年五月
武田昌輔（一九九二）「人物・税の歴史」東林出版社
田原芳幸（二〇一六）「図説日本の税制（平成二八年版）」財経詳報社
土居丈朗（二〇一〇）「日本の税をどう見直すか」日本経済新聞出版社
内閣府（二〇一七a）「平成二九年版　高齢社会白書」
内閣府（二〇一七b）「平成二九年度　年次経済財政報告―技術革新と働き方改革がもたらす新たな成長―」
内閣府（二〇一四）「世界経済の潮流二〇一〇年Ⅱ」
内閣府（二〇一三）「平成二五年度　年次経済財政報告」
内閣府（二〇一二）「平成二四年版　高齢社会白書」
西野敞雄・酒井克彦（二〇〇六）「税ってなんだろう」朝陽会
沼田博幸（二〇一七）「耐久消費財に対する消費課税について―消費者による購入後の取扱いを中心と

して―」会計論叢第一二号、明治大学大学院会計専門職研究科、二〇一七年三月
三浦一郎（一九九四）「珍税・奇税　世界の税金物語」朝日メディア
森信茂樹編著（二〇一七）「税と社会保障でニッポンをどう再生するか」日本実業出版社
諸富徹（二〇一三）「私たちはなぜ税金を納めるのか　租税の経済思想史」新潮社
吉村典久（二〇一二）「ＶＡＴ導入の経緯――ドイツ売上税、フランス取引高税の展開と市場統合」税務弘報二〇一二年七月
吉村政穂（二〇一八）「経済の電子化と租税制度――ヨーロッパの焦燥」ジュリスト№１５１６、二〇一八年三月
Grossfeld, Berhard and Bryce, James D.（1983）, A Brief Comparative History of the Origins of Income Tax in Great Britain, Germany and the United States, Vol.2, American Journal of Tax Policy 211
Lindbeck, Assar（1990）, Taxation in Market-oriented Developing Countries, in Richard M. Bird and Oliver Oldman（ed.）, Taxation in Developing Countries, The Johns Hopkins University Press
OECD（2015）, OECD/G20 Base Erosion and Profit Shifting Project, 2015 Final Reports
Sargent, Thomas J. and Velde, François R.（1995）, Macroeconomic Features of the French Revolution, Journal of Political Economy, The University of Chicago Press, Vol.103, No.3, June 1995（http://piketty.pse.ens.fr/files/capitalisback/CountryData/France/Other/PublicDebtFR/SargentVelde95.pdf）

事項索引

■著者略歴■

栗原　克文（くりはら　かつふみ）

早稲田大学大学院会計研究科教授

早稲田大学政治経済学部卒業、英国リーズ大学大学院修士

国税庁入庁後、税務大学校研究部国際支援室長、札幌国税局・名古屋国税局課税第二部長などを経て、2017年４月より現職

［主な論文］

「BEPSプロジェクト（行動２）ハイブリッド・ミスマッチ・ルールについて」国際税務第38巻第６号（2018年６月）

「国境を越える役務提供と消費税」税大ジャーナル24（2014年９月）

「各国間の税制の相違と課税問題」税務弘報Vol.57/No.14（2009年12月）

「REITに関する国際税務上の論点について」不動産証券化ジャーナルVol.16（2008年11月）

KINZAIバリュー叢書

税から読みとく歴史・社会と日本の将来

2018年８月30日　第１刷発行

著　者　栗　原　克　文

発行者　倉　田　　　勲

印刷所　三松堂印刷株式会社

〒160-8520　東京都新宿区南元町19

発　行　所　**一般社団法人 金融財政事情研究会**

編 集 部　TEL 03(3355)2251　FAX 03(3357)7416

販　　売　**株式会社 き ん ざ い**

販売受付　TEL 03(3358)2891　FAX 03(3358)0037

URL https://www.kinzai.jp/

ISBN978-4-322-13293-9